大乗と小乗の世界

ブッダは何を教えたか
四つの真理と八正道

永井一夫

東方出版

はじめに

《極限状態の救い》

昨今、巷の話題をさらった映画「シンドラーのリスト」を見ますと、大虐殺をやってのける人間のもっている悪の側面と、それがたかだか七十数年前の出来事であったことを知って慄然とします。

当時、リトアニアの領事代理をつとめていた杉原千畝はこのユダヤ人を救うため、日本政府の三度にわたる〝ノー〟の指図に違反してビザを発行し続けました。結局、六〇〇〇人を救うことになるこの時の彼の決断は、聖書エレミアの一節を読んで、そこに神の声を聞いたものでした。

あるいはまた、太平洋戦争に出征する軍人が、奈良をおとずれて見た、仏たちの慈しみをたたえたほほえみに、不条理にたいする回答と大きな安堵を覚えたことを伝えています。

その大戦に負けて、国民が意気消沈していたころ、蔣介石は今まで敵であった日本に対して「怨みに報いるに、徳を以てす」と宣言しました。

おかげでシベリア送りというような、「バビロンの捕囚」の悲惨もなくてすみ、戦後の窮乏の上に追い打ちをかける賠償の請求もありませんでした。それは、総督のクリスチャンの信条から出た徳といわれます。また、スリランカがわが国に賠償請求をしなかったのは、その仏教精神に則《のつと》ったものでした。

《繁栄時代の慈悲》

仏教にいう四苦（生老病死）は、高度成長や社会保障や近代科学のおかげで、かつてに比べかなり緩和されるようになりましたが、ここにきて、一般人もインターナショナル、さらに進んでグローバル（地球的）に、宗教を今いちど見直さなければならなくなりました。

新聞に、断食をして浮かせた食費分を難民の救済に寄付する運動に参加している歌手のジュディ・オングさんの小さな記事がでていました。

「三十時間食べないで、あのおなかのすいたルワンダなどの子どもたちの極限の気持ちを、少しでも理解して寄付したい。そうすると、それが、大変つらい思いをしている子どもたちのところにとどくんです」

ここには、断食という「行」と、慈悲（愛）のこころ、そしてグローバルな視野の見事な一致があると思います。

《ブッダの叡知》

現代の仏教は、もはや商売としてしか見られなくなってしまい、滅びの道を歩みつつある感におそわれます。

だが、ゲーテは言いました。「宗教を追っぱらうと、こんどは不気味な迷信が裏口から忍び込んでくる」と。最近の風潮をぴったり言い当てています。

ブッダは、生ける地球の目的と未来についての問いにも、また自己訓練をいかに行なうべきかについても、単純でわかりやすい答えを用意しておられます。にもかかわらず、仏教が現在のようになってしまったのは、釈迦の教えが正しく伝えられてこなかったところに最大の原因があると思われます。日本に伝えられた仏教が、不幸なことに、中国思想のフルイを通った大乗仏教であったからなのです。本文で詳しく説明していきますが、釈迦の教えの真髄は、大乗仏教からではわかりません。

釈迦のほんとうの教えとはどういうものかを、それを伝えているほんとうの経典をもとに、自分の目と心で確かめていこうというのがこの本の目的です。より精密な研究成果と歴史をふまえて、仏教の正しい姿を見、そのすばらしさを理解し、生きる糧《かて》とされるよう願ってやみません。

目次

第三部　悟り

第四部　ブッダの心

第一部　仏教の成立とブッダの歩み

Ⅰ　ブッダ（仏陀）の誕生から出家するまで

本来の仏教の神髄を知るためのいちばんの早道は、ブッダとはどんな人か、いつ何をして、何を悟ったかを知ることです。

1　ブッダについて

はじめに「ブッダ」という言葉について少し説明しておきます。ブッダ（仏陀）というのは固有名詞ではなく「悟った人」という意味です。『岩波仏教辞典』には「〈覚者〉（目覚めた人）と意訳される」「もとインドの宗教一般において、すぐれた修行者や聖者に対する呼称であったが、仏教で多く用いられ、釈尊を尊んで呼ぶ言葉となった」とあります。だから仏教の始祖であるお釈迦《しやか》様も、悟りを開くまでは仏陀ではないわけですが、この本では「ブッダ」と言えば、とくにことわらない限りお釈迦様を指すことにします。

2　釈迦（ブッダ）の誕生

釈迦の誕生から入滅《にゆうめつ》（釈迦の死をふつう入滅、または入寂《にゆうじやく》という）までの年代については、紀元前六二四～五四四年あるいは五六六～四八六年、また四六六～三八六年などいろいろな説があり、定説はありません。しかし実在の人物であったことは確かで、いずれにしても紀元前五世紀前後にインド各地で宗教活動をした偉大な宗教家の一人であることは間違いありません。

釈迦はふつうインド人だと思われていますが、その誕生地カピラヴァスツは現在のネパール国だとされています。インドにはもともと多数の部族が各地に住んでいましたが、紀元前十五世紀ごろからアーリア人が西北方から侵入しはじめ、次第に東南方に勢力を伸ばし、先住部族を征服・同化しながら紀元前五世紀ごろにはガンジス河中流地域を中心に広い範囲にわたってその勢力を定着させていました。

釈迦は少なくともこの侵入部族のアーリア人ではなく、先住部族の一つに属していたと考えられています。そうした先住部族の中のシャーキャ族の王家に生まれたわけです（釈迦はシャーキャを漢字で音写したもので、釈迦牟尼＝シャーキャ・ムニ＝はシャーキャ族の聖者という意味です）。

父はシュッドーダナ王、母はマーヤー妃といい、釈迦はシッダールタ（悉達多＝願望が満たされた者の意）と名づけられましたが、誕生から七日目に母マーヤー妃は死に、その後はマーヤー妃の妹、すなわち叔母のマハー・プラジャーパティーに育てられて成人しました。

釈迦の誕生の模様を、仏伝は次のような神秘的な表現で語っています。

トゥシタ（兜率天）と呼ばれる天上界にいたブッダは神々に見送られて地上に降り、母マーヤーの胎内に右の脇下から入った。マーヤーはその時、花の床に臥してまどろんでいたが、この出来事をすべて夢に見た。そして十カ月経った時、出産が近づいたことを知り、カピラヴァスツ都城の郊外にあるルンビニー園におもむいた。園にはさまざまの樹に花が咲き、春の陽が注いでいたが、マーヤーがそのうちの一本の樹（無憂樹とも沙羅樹とも、また無花果樹ともいわれ、いろいろな解釈がされている）の枝に右腕を伸ばすと、その脇から一人の男子が誕生した。彼はただちに立って七歩あゆみ、自分はブッダ（仏陀）になるために生まれてきたことを告げた。

3　ブッダの時代

ブッダ（仏陀）が誕生した紀元前五世紀ごろのインドは、インド先住民族のモンゴル系（チベット・ビルマ族）は北方に、ドラヴィダ族は南方に移動し、そのほかの小部族もアーリア族に同化するなどして、主流はアーリア族の社会になっていました。ブッダのシャーキャ族も北方の一小部族にすぎませんでした。

このころ、中国では孔子（紀元前五五二～四七九年）が活躍しており、一世紀ほどおくれてギリシャのソクラテスが歴史に名をとどめています。日本はまだ縄文時代でした。

アーリア人は、農耕を主として生活していた先住民とは違い、狩猟・牧畜を主とする戦闘的な民族で、その宗教は自然の恵みと戦争の勝利を祈願することが中心になっていました。その宗教儀礼を司る祭司階級をバラモン（＝ブラーマン brahman）といい、またその宗教をバラモン教と呼んでいました。

4　バラモンの教え

バラモン教には開祖・教祖といった人はおらず、古くから伝わる「ヴェーダ」と呼ぶ聖典に基づいて発展しました。最古の『リグ・ヴェーダ』という聖典には神への讃歌がうたわれていますが、その中でとくに戦の神インドラ神と火の神アグニ神が重要視されており、その祭祀を中心にバラモン教が成立していったわけです。

そして司祭であるバラモン階級が最上級の地位を確保していくにしたがって、ヴェーダ聖典を理解するための神学書『ブラーフマナ』や『ウパニシャッド』が編纂され、バラモン教独自の宇宙観、世界観が形成されていきました。

その中で「輪廻《りんね》」と「業《ごう》（＝karman）」の思想は、のちの仏教にも大きな影響を与えています。

輪廻とは、この世で死んだ者は（人間であろうと動物であろうと）あの世に生まれ変わり、いつかまたこの世に生まれてくるというその繰り返しが、永遠に続くという考えです。

業は、その者が生きているそれぞれの世での行ないが、次の世に結果となって現われる――つまり、自分が現在おかれている条件は前世の業によるものであるという考えです。だからこの世で善業を積めば次の世では良い環境に生まれることができ、悪業を積めば悪い環境に落とされることになります。

しかしそれは永遠の流転ですから、考えればとても不安で恐ろしいことです。できれば輪廻の鎖を断ち切り、そこから逃れて永遠の安定を得たいという考えも当然に起こってきます。ブッダと同じ時代に興《おこ》ったジャイナ教（ジナ教）やアージーヴィカ教も、この輪廻からどうして脱出するかを目標にしたものでした。

この輪廻からの解脱《げだつ》ということは、仏教を理解する上でたいへん重要な問題ですので、この本の各所で解説していくことにします。

5　出家前の暮らし

出家以前のブッダにヤショーダラーという妃とラーフラという息子がいたことは、ほぼ事実と考えられています。

しかし仏伝によっては、三人の妃がいたと記しているものもあり、また成長するまでの物語は、随所に超現実的な表現がちりばめられているので、史実とそうでない部分との区別ははっきりしません。

たとえば、妃を獲得するために五〇〇人の青年たちと技を競ったという話があります。そこで、ひ弱だと思われていた王子（ブッダ）が相撲や弓術などすべての競技に勝って妃を獲得しますが、こうした物語は事実というよりもブッダの神通的な能力を表現しようとしたものでしょう。

しかし、次のような青年時代の回想はほぼ事実に近いだろうと研究者は言っています。

「わたしは身体が優形《やさがた》で、非常に華奢で、きわめて慎重に育てられた。父の宮殿には数多くの蓮池があって、青色や紅色や白色の花が咲き乱れていた。わたしはカーシー（現在のベナーレス）産の栴檀香《せんだんこう》でなければ用いなかった。わたしの膚着《はだぎ》も下着も上着もカーシー産の絹であった。

昼も夜も、わたしの頭の上には真白な三蓋《さんがい》がかざされていて、わたしを寒さ暑さから守り、塵や露がわたしにかからないようにしてあった。

わたしのために三つの宮殿があった。一つは冬のため、一つは夏のため、一つは雨期のためのものであった。それで、雨期の四カ月の間は、雨期用の宮殿に閉じこもって、侍女たちの舞踊と音楽にとりかこまれていて、下へ降りたことはなかった。

ほかの人々の邸では、奴婢・使用人たちには籾《もみ》まじりの飯かすっぱい粥だけが与えられるのだが、わたしの父の邸では、奴婢・使用人たちにも白い米飯と煮た肉とが与えられていた」（岩本裕『仏教入門』）

いずれにしてもブッダの地位からして優雅で快楽的な日々を送っていたことは確かです。

6 四門出遊《しもんしゅつゆう》——出家

しかしブッダは、そのような優雅な暮らしをしながらも物思いにふける傾向があり、人生について疑問を抱いていました。その疑問というのが、多くの経典で語られている〝四門出遊〟の物語に表現されています。

それはこういう話です。

ある時、ブッダは馬車で外出したいと父王に願い出て、従者を連れ東の城門から出ました。途中で一人の男に出会いましたが、その男はしわだらけで手も足もふるえ、杖をつきながらよろめいていました。ブッダはそれまで老衰の人など見たことがなかったので、従者に、

「あの男はどうしたのか」

とたずねますと、

「彼は老いてあんな姿になったのです」

と従者は答えました。

二度目の外出の時は南門から出ましたが、こんどはもだえ苦しむ重病人に出会いました。三度目は西門から出ましたが、その時は担架で運ばれて行く死人を見ました。こうして老・病・死の姿を自分の目で見たわけです。

四度目の外出は北門から出ましたが、そこで出家修行者が気高い姿で歩いているのを見て感動します。そして「凡夫は自分の老・病・死に思い至ることなく、他人の老・病・死を忌みきらうが愚かなことだ。老・病・死は誰にも免れることはできないものだ。私もその一人である。それを知れば快楽には何の意味もない」と考え、出家の道に進むことを決心しました。

以上の話が事実かどうかということより、ブッダが生老病死について深く考え悩んだ末、出家を決意したことは間違いなく、その動機をこうした物語で表現しているのです。そしてブッダは生まれ育った城を捨て、家族を捨て、それまでの優雅な暮らしの一切を捨てて、修行の道に入りました。それは二十九歳の時であったとされています。

Ⅱ　菩提樹下の悟り

1　沙門《しゃもん》

当時のインドはバラモン教の教えが広がっていましたが、バラモンに属する宗教家たちの中でも、なおもっと深い宗教的体験を得ようとする人たちは司祭の職を離れて、あるいは山に住みあるいは野に庵を結び、ヨーガと称する特別な姿勢による瞑想を行ない、断食や断眠など肉体の極限に達する苦行をすることによって、現実を超越した精神の完成にいそしんでいました。またバラモン以外にもそうした修行者が増えていました。

彼らは人々から食物などの喜捨（施し）を受ける乞食《こつじき》として暮らしをしていましたが、民衆からは沙門（シュラナマ）と呼ばれ、たいへん尊敬されていました。

2　ブッダの修行

ブッダは、一刻も早く一里でも遠くと、どんどん城を離れて、やがてガンジス河の北岸、ヴァイシャーリーの地に至りました。そこにはヨーガの行者アーラーダ・カーラーマがおり、また多くの真剣な求道者たちが修行していました。ブッダはその仲間に身を投じ、カーラーマの弟子となってヨーガをはじめとする厳しい修行を続けました。

しかしそこでは悟りを得ることができず、さらに師を求めてガンジス河を南に渡り、マダガ国に入りました。この地の首都ラージャグリハ（王舎城）はそのころたいへん栄えており、大勢の沙門が修行していました。その中のウドラカ・ラーマプトラという師のもとで、ブッダは厳しい修行に入ります。ある時は木に身を吊るし、ある時は肉体の極限まで断食し、また不眠の苦行も続けました。さらには水の中で呼吸を止める苦行など、当時でももっとも厳しいものでしたが、やはり究極の悟りに達することはできませんでした。そこでまた師のもとを去り、独りで同様の苦行を続けました。すでに城を離れてはや六年の歳月を費やしていました。体はやせこけ、目は落ちくぼみ、まさに死と紙一重で、ただ気力だけで生きているという状態にまでなっていました。

結局、苦行という修行方法では肉体を衰弱させるだけで、真の悟りに達することはできなかったのです。

3　苦行をやめる

ある日、ブッダはよろよろと立ち上がり、すっくと両足で大地を踏みしめました。ちょうど、かの無憂樹の下でマーヤー妃の右脇から生まれ大地の上にすっくと立った時のように……。ブッダはこの時、苦行のみによっては悟りを得られないことを知り、はっきりと自分の道を進むことを決意したのです。

そして、とにかく体力を回復しなければと思っていると、スジャーターという村の娘が牛の乳で作った粥《かゆ》を捧げ持ってきたので、その供養を受けました。

するとそれを見た他の修行者たちは口々に、

「そら見よ、彼は娘の捧げる乳粥を飲んでいる。彼は堕落して修行を捨ててしまったのだ」

と侮蔑の言葉を投げかけました。ブッダはほんとうに堕落したのでしょうか。

いや、ブッダはその時、すばらしい歓喜の心に満ち満ちていたのです。苦行をやめ中道を進む決意をしたことによって、仏陀（悟った人）への道が大きく開かれ、今、目の前に広がっている宇宙がそのまま自分であるということがわかってきたのです。

4　ついに悟りを開く

ブッダが中道を決意した時、すでに悟りの域に達したわけですが、それからブッダガヤーの地に進み、すばらしく大きな菩提樹の下で座禅を組み、深いメディテーション（瞑想）に入りました。悟りの完成のための瞑想です。

仏典には、この菩提樹下の瞑想において、悪魔マーラの誘惑と激しく戦うありさまが記されていますが、それはブッダの悟りがいかに偉大なことであるかを表現しようとしたものです。マーラは必死になってブッダを欲望の世界へ引き戻そうとしますが、すでに生死を超越して偉大な悟りに進んでいたブッダを打ち負かすことはできなかったのです。そしてここに悟りを完成し、仏陀（悟った人）となったわけです。

5　悟りについて

悟りに至るまでの釈迦をこれまでブッダと呼んできたのは、初めにことわったように便宜的にそう呼んでいたのであって、本来はボサツ〈菩薩＝修行する人〉と呼ぶべきであったのですが、今や真の意味でのブッダとなったのです。

この悟り〈一切の苦悩からの解脱――すべての真理の把握〉が仏教における最高の価値であることはいうまでもなく、仏教の最大の根幹はこのブッダの悟りにあるのです。そしてブッダが弟子たちに教えたのもこの悟りであり、悟りに至る道であります。それが仏教の根本であり、ブッダ〈釈迦〉を開祖としているゆえんです。

ブッダは、悩み抜いた人間は誰でも、神の助けと本人の努力により悟りを開くことができると教えています。人間は悟りを開いた瞬間にその人の生命と宇宙の生命が合一し、生死を超脱した自由の世界に生きることができるのです。これは同時に全知の世界でありま す。悟り切った目から見た世界はまことに一目瞭然、因と果が織りなすこの世界を過去・現在・未来を通して観ずることができ、そこにおいて一切の苦は消滅するのです。

その内容は深遠ですので、第二部以下で詳しく述べたいと思います。

Ⅲ　ブッダ伝道の旅

1　伝道の決意

菩提樹下のブッダの瞑想において、もう一つ重要なことが思索されていました。それは、この悟りに至る道を人々に伝えるべきかどうかという問題です。この部分は仏教を正しく理解するためにたいへん重要な事柄です。

ブッダガヤの菩提樹の下でゆったりと結跏趺坐《けっかふざ》（両足を組み合わせて座る座禅の姿勢）して静かに瞑想し、過去・現在・未来を通観して世界の構造を理解し、老病死苦からの解放の鍵を解き明かした時、ブッダは一瞬、次のような思いにとらわれました。

「私はここに悟りを開き仏陀となった。しかしこの悟りはあまりにも奥深く、広大である。この私の悟りは、私同様の苦しい修行と努力をしたものでないとなかなか理解できないであろう。私自身は今や法悦の中に浸り幸福そのものである。あえて物のわからぬ世間の人々にこの道を教えるため努力する必要があるだろうか」

この時の状況を古い仏典は次のように記しています。


この時、ブッダの完成された瞑想から発する光明に照らされた世界中の神々は、なんとかブッダの悟りを世に広めてもらおうとブッダにたのみました。しかしブッダは、「人間はみな官能にふけり、煩悩の火に盲目となっている。それらの人々にどうしてこの道を正しく伝えることができるだろうか。それは私にとっても大きなエネルギーを要することとなる」

と言って、教えを広めることを断念しようとされました。

神々は落胆し、風は吹くのを止め、火は燃えることを忘れ、天は雨を降らさず、鳥は空を飛ばず、世界は暗黒の悲しみに包まれました。これを見たブラフマン神（帝釈天＝梵天）は、このままでは世界が救われなくなることを知り、ブッダが瞑想している菩提樹の所に降り立ち、今こそブッダの悟り、不死の至福を人類に示す最後のチャンスであることを告げ、教えを広めるよう懇請します。

そこでブッダはもう一度考え、あたりを見渡してみると、世の中には三通りの人間がいるのが見えました。すなわち、助けてやろうにも救いようのない者、放っておいても自ら救うことのできる者、そして教えを知ることによって救われる者たちです。

ブッダはこの三番目の教えによって救われる者たちのために、ブラフマン神の願いを聞き入れることにしました。

そこにはブッダの決意が並々ならぬものであったことが語られていますが、こうしてブッダは人々に伝道することを決意し、歩きはじめたのです。

ブッダが、悟りへの道、老病死苦から解放される道を人々に伝え教えようと決意したこと——これが仏教の慈悲心です。自分はすでに悟りを得たにもかかわらず、大きな困難を承知の上で伝道を決心したことの中に、ブッダの無限の慈悲があるわけです。これは仏教徒にとってはたいへん重大なポイントで、その後、仏教が大乗・小乗に分かれ、またいろいろな宗派に分かれていったこともこの辺の事情がすべて関連してきますが、それらについてはまたあとで詳しく触れます。

2　初転法輪《しょてんぽうりん》

ブッダの最初の説法を「初転法輪」といい、転法輪経というお経に記されています。

ブッダが最初に説法しようと頭に浮かべたのは、かつてブッダが苦行をやめた時、軽蔑と嘲笑を投げかけた五人の修行者のことでした。ブッダは菩提樹の下を離れて、彼らが修行しているベナレス郊外の鹿野苑《ろくやおん》という所へ向かいました。そこには多くの修行者たちが集まっていましたが、かの五人の者たちもおりました。

彼らはブッダが近づいてくるのを見ると、「あの男はすでに苦行をやめて堕落してしまった者だ。あんな男にはあいさつなどしないでおこう」と申し合わせました。しかしブッダが近くに来ると、その申し合わせをすっかり忘れてしまい、思わず立ち上がって丁重にお迎えしました。それは悟りを開いたブッダの姿があまりにも神々しい威厳に包まれていたからです。

そこでブッダは悟りについて五人に説法を始めたのですが、それが初転法輪であり、八《はっ》正道《しょうどう》（八つの正しい道）を中心とする教えでした。この八正道を聞いた五人の修行者は感激に身をふるわせながら、ただちにブッダの弟子となることを誓いました。

時にブッダ三十五歳。それから八十歳で入滅するまでの四五年間、ブッダの伝道活動は続けられるのです。

3　ブッダの教団

ブッダの最初の弟子となった五人の修行者たちによって仏教の最初の教団が誕生したといえるわけですが、ブッダは生涯、自ら組織的な教団を作ろうとしたことはありませんでした。ただ、ブッダの偉大な徳を慕って、救いを求める人々や悟りを得たいと思う人たちが次々にブッダの周りに集まってきたのです。

そうした人たちが多くなってくると、修行のための館を提供する有力者も現われてきました。マガダ国の国王ビンビサーラが郊外に僧院を設けて寄付した竹林精舎もその一つですし、また、コーサラ王国の首都シラーヴァスティーの富豪、スダッタが建てた祇園精舎は、『平家物語』にもその名が見えるほど私たちにもなじみ深い名になっています。

こうした僧院の提供者は、ブッダの伝道の行く先々で次々に現われました。そしてそれらの僧院で集団的に修行する人たちが、自然発生的に教団を形作っていったわけです。

出家した者たちが集団で修行する場所はサンガと呼ばれました。このサンガを漢字で音写した僧伽《そうぎゃ》という言葉が、のちには修行する場所だけでなく、そこで修行する出家者をも意味するようになり、さらに『僧』という文字が出家者を表わすようにもなったわけです。

このサンガでは組織的な統制は何も行なわれませんが、修行するための場所ですから、いかに自由であるといっても、まじめに修行しようとしない人やほかの人の修行の邪魔になる人、たとえば毎日怠けている人やよくない行ないをする人などを、一緒に仲間にしておくわけにはいきません。

そんな極端な人はいないにしても、まだ悟りに至らない凡愚の人間であってみれば、時には迷いに陥ることもあります。

ブッダはそうした人たち一人ひとりに、その人に合った具体的な言葉と仕方で修行の態度を教え示しました。そうして出来ていったのが戒と律です。それはサンガで修行を続けるためには当然実行されなければならない修行の道であり、守らなければならないルールでもあるわけです。また同時に、すべての仏教修行者の道でもあります。

戒と律はふつう一口に〝戒律〟とまとめて言いますが、戒は個人的なまじめとして守らなければならないこと、律は集団的な生活の規範を指しています。

戒は、男は二百五十戒、女は三百四十八戒あるともいわれますが、これはさきにも言ったように、ブッダが一人ひとりに具体的な教えを示したものが集大成されてそのような数になったものでしょう。

戒の中では次の五つ（五戒）がもっとも大切なこととされています。

五戒

一、不殺生《ふせっしょう》（生きものを殺さない）
二、不偸盗《ふちゅうとう》（盗みをしない）
三、不邪淫《ふじゃいん》（不正な男女の交わりをしない）
四、不妄語《ふもうご》（嘘をつかない）
五、不飲酒《ふおんじゅ》（酒を飲まない）

この五項目は出家者はもちろん在家信者にも適用されますが、出家者はさらに、

六、午後に食事をしない
七、歌・踊り・音楽などを見たり聞いたりしない
八、香料・化粧品・装飾品を用いない
九、大きくて高い寝台の上に寝ない
十、金銀（貨幣）を受け取らない

の五項目を加えた十戒が最低限度の戒とされています。

不邪淫戒は、在家信者の場合は正当な夫婦であれば許されますが、出家者はいかなる交わりも許されません。

今の日本のお坊さんは、果たしてどれだけこの戒を守っているでしょうか。ほとんど皆無といっていいでしょう。タイやミャンマー（ビルマ）など東南アジアの小乗のお坊さんは午後には食事をとらないなど、戒は厳しく守られています。

ブッダが自分の悟りを他人に伝えようかどうかと迷った時、もっとも恐れたことは誤って理解されることでした。だから決して間違った受け取り方をされないよう、具体的な形で修行の仕方を示したのです。

このことは、悟りが単に理屈だけで得られるものではなく、日常の正しい行ないの積み重ねによって次第に近づいていけるものであることを教えています。それを理論的に表わしたのが、後の章で詳しく述べる「八正道」ですが、実践的には戒を守ることであり、とくに出家者は堅く守らねばならない教えです。

4　伝道の旅

ブッダはその教えを、ひと所にとどまって寺院をかまえて教えたわけではありません。三十五歳で悟りを開いた時から八十歳で入滅するまでの四五年間、インド各地を旅しながら教えを広めていったのです。

ブッダの旅は南のラージャグリハから北のヴァイシャーリー、カピラヴァスツ、シュラーヴァスティーへと、このコースを何度も往復しました。生涯に歩いた距離は何千キロメートルになるのか想像もつきません。

その間、ベナレス郊外の鹿野苑《ろくやおん》で最初の弟子となった五人の修行者をはじめ、バラモンの三兄弟であるカーシャパ（ウルヴィルヴァー、ナディー、ガヤーの三人）、三大弟子と呼ばれるシャーリプトラ（漢訳名＝舎利弗）、マウドガリャーヤナ（目連）、マハー・カーシャパ（摩訶迦葉）、ブッダのいとこでのちに経典編集に大きな貢献をしたアーナンダ（阿難）、同じくいとこであるがのちにブッダに反逆したとされるデーヴァダッタ（提婆達多）らも次々に帰依しました。

また、初めは女性の出家は許していませんでしたが、のちにはブッダの元の妃ヤショーダラーをはじめ女性の出家も許し、比丘尼《びくに》（尼僧）の教団も出来ていきました。

このようにブッダの生涯の弟子たちは、とうてい数え切れないほど多くいたのです。

5　ブッダ最後の旅

ブッダの最後の旅を描いた物語はマハー・パリニッバーナスッタ（大般涅槃経）というお経に述べられています（『ブッダ最後の旅』中村元訳・岩波文庫に詳しい記述があります）。

ブッダがラージャグリハからほど近い〝鷲の峰〟に滞在している時、マガダ国王から使者が来て、ヴリッジ族を攻撃すべきかどうかブッダに意見を求めました。これに対しブッダは「ヴリッジ族が道徳的で、よく一致団結している間は、滅亡することはないであろう」と答えました。つまり、戦争は無駄なことを教えたわけです。

このあとブッダは弟子たちにも、道徳的で法を守っていれば没落することはないと教えます。そして〝鷲の峰〟を出て旅に出ますが、これが最後の旅になるのです。

初めに訪れたのはパータリガーマという村ですが、そこでは都市建設のための工事が行なわれていました。ブッダはこれを見て「この都市は将来繁栄するであろう」と予言しましたが、その地はのちにマガダ国の首都パータリプトラとして長く栄え、ブッダの予言どおりになりました。

村をあとにした時、ちょうどガンジス河は水がたいへん増え激流になっていましたが、ブッダの神通力によって苦もなく北岸に渡り、都市国家ヴァイシャーリーに着きました。ここでブッダは、アームラパーリーという遊女のマンゴー園に滞在します。

彼女は非常に喜んでブッダを食事に招待しますが、これを聞いた金持ちたちが、お金はいくらでも出すからその役を自分たちに譲ってほしいとアームラパーリーにたのみました。しかし彼女は、いくらお金をもらってもそれは譲れないと断わり、ブッダもまた、彼女とさきに約束したからと金持ちたちを断わります。ブッダは食事のあとで説法しましたが、彼女はそれに感謝してマンゴー園をブッダに寄付しました。

6　入滅前の教え

やがて雨期になり、ブッダは弟子たちに、自分と別れて雨安居《うあんご》（雨期の間、一カ所にとどまって修行すること）をするように指示し、自らはアーナンダ一人を連れて近くのベールヴァ村という所で安居に入りました。

こうして何日か過ぎ、ブッダが一人でいた時、急に死ぬほどの激しい痛みにおそわれました。しかし、もう一度弟子たちと話をしないうちは入滅できないと考え、強い意志力によってその苦しみを抑えました。そこへブッダの身を案じて駆けつけたアーナンダに、次のような諭しを与えました。

「私はお前たちにすべての法を伝えてしまった。教え残していることは何もない。もはや八十歳の私の体は古い車のようにやっと動いているだけだ。

お前たちは今や、自分自身を光明とし、よりどころとせよ。法を光明とし、よりどころとせよ。ほかのものをたよってはならない」

それからアーナンダを連れてヴァイシャーリーのチャーパーラ霊廟に行き、そこでこの世の美しさを述べたあと、

「如来（ブッダ）は大きな力を持っている。もし欲すれば自分の生命を延ばすことができる」

とアーナンダに言いました。ここでもしアーナンダが、

「どうかいつまでもこの世にとどまってください」

とブッダにお願いすれば、ブッダは自らの命を延ばそうと考えていたのですが、アーナンダにはその意味がわからず何も答えませんでした。そこでブッダは仕方なく彼を遠ざけて一人で瞑想に入りました。

7　入滅

ブッダが一人でいると、そこへ悪魔マーラが現われ、

「あなたはすでに人々に法を伝え、この世での役目をすべて果たした。この上は速やかに入滅されよ」

と要求しました。これに対してブッダは、

「三カ月後には入滅するであろう」

と答えました。

するとたちまち雷鳴が轟き、大きな地震が起こりました。これに驚いたアーナンダがあわててブッダのもとに戻り、そのわけを聞かされましたがもうどうすることもできず、ブッダはマーラとの約束を果たすことになったのです。

それからブッダは弟子たちを集め、三カ月後に入滅することを宣し、戒律、瞑想、知恵

（認識）、解脱について語り、ヴァイシャーリーの町をあとにして北に向かいました。そしてパーヴァーの都に着いて、金鍛冶《かねかじ》職のチュンダの家に招かれました。

そこで出された食事は「スーカラ・マッダヴァ」と記されているのですが、それが何であるのか現在ではよくわかりません。豚料理であるとかキノコ料理であるとかいろいろな説がありますが、いずれにしろ美味な上等の料理ということです。だが食事のあと、ブッダは激しい下痢と痛みにおそわれます。

しかしその痛みを強い意志力で抑え、さらにクシナガラに向かって旅立ちました。

その途中、ブッダの偉大な神通力を現わす物語が語られています。


ブッダはのどが渇き、アーナンダに水を求めました。しかし、アーナンダは「今、五〇〇台の車が河を渡ったので水が濁っています」と答えました。だがブッダは三度にわたって同じことを命じましたので、仕方なく河岸に水を汲みに行くと、水はまったく清く澄んでいました。アーナンダは驚きとともに非常に感動して、その水をブッダに捧げました。

クシナガラに着いたブッダは、その村はずれにある二本の沙羅双樹の間に床を作らせ、横たわりました。

ブッダの入滅が近いことを知ったアーナンダは、別れのつらさに堪え切れず泣きくれていましたが、ブッダは、

「アーナンダよ、悲しむでない。すべては変転し移ろいゆく。私が入滅しても師がいなくなるのではない。私がこれまで説いてきたことを師として、修行に励むがよい」

と諭しました。またすべての弟子たちにも同じ言葉を与え、そして深い瞑想を始め、そのまま静かに涅槃《ねはん》（死）に入っていきました。

こうしてブッダの、この世での終わりが告げられたのです。

8　仏教の原点

本書でこれまでに述べたブッダの生涯は、ごくあらましに過ぎません。が、生老病死に深い疑問を抱いてそれまでのすべての生活を投げうって出家し、あらゆる苦行を経たうえで悟りに達し、それを自分だけのものとせずに無限の慈悲心をもって伝道の旅を続けた、その偉大な生涯をいかに理解するかが仏教の原点です。

ブッダの歩んだ同じ道を、凡人が同じように歩むことはとうていできませんが、ブッダの教えをもとにして少しでも近づこうと努力することによって、ブッダが大勢の弟子たちに語った言葉の意味をほんとうに理解できるわけです。

Ⅳ　お経の成立と変化

1　お経とは何か

お経とは、ブッダの教え（言葉）を述べたもの、戒律について述べたもの、ブッダの事蹟について述べたもの、ブッダの教えの解説あるいは解釈を述べたもの、哲学的な論議を展開しているものなど、いろいろな分野にわたっていますが、要するにそのもとはブッダに発し、その教えを述べているものです。

しかしブッダが入滅した時、お経というようなまとまった聖典はありませんでした。では、お経はどのようにして作られてきたのでしょう。

ブッダ入滅後、三大弟子の一人マハー・カーシャパは、五〇〇人のアラカン（阿羅漢＝聖者）を集め、ブッダの教えを伝え残すために集大成することを提案しました。この集まりを結集《けつじゅう》（編集会議。原語では、「ともに歌う」という意味がある）と呼んでいます。

そこでアーナンダが経（ブッダの言葉）を、ウパーリが律（教団のきまり）を朗誦し、アラカンたちはそれを聖典とすることに決めました。

ところが、それはブッダのほんとうの教えではないと反対するアラカンも大勢いました。そうしたグループのいくつかは、自分たちが正しいと信じる聖典を奉じるようになっていきました。

こうしてお経は最初からいくつかの流れが出来ていったのですが、それらはいずれも文字で記録されたものではなく、すべて暗誦によって次々と後世に伝えられていきました。当時のインドの人たちは、「文字は真実を伝えるものではなく、言葉だけが真実を伝えることができる」と考えていたからです。だからお経は、ブッダの言葉そのものでなければならなかったのです。

それにしても、当時の人々の記憶力には感心させられます。

しかし暗誦による伝承は、やはり時間の経過とともに少しずつ変化していくことは免れません。経典のこのような作られ方、そして伝えられ方が、その後の長い年月によって多くの異説や解釈を生む原因になったといえるでしょう。お経が文字化されるのは、ブッダ入滅後二〇〇年以上も経ってからです。それまでにはおそらく、最初のものからはかなり変化していたに違いありません。しかも変化の跡をたどることは現在ではほとんど不可能です。

現在、原始経典と呼ばれているものも、必ずしもブッダの言葉そのものであるとはいえません。だがそれに近いのではないかと考えられています。

2　小乗と大乗

小乗と大乗というのは、現在では仏教の二つの流れと解されていますが、この言葉はもともと、大乗仏教を名乗る派が自らを仏の正しい教えを奉ずる大きな乗り物（大乗）にたとえ、その他の派に対して、取るに足りない小さな教えだという蔑《さげす》みの意味をこめて小乗（小さい乗り物）と呼んだものです。だからいわゆる小乗の人たちが自派をそのように称していたわけではなく、彼らは一般に上座部あるいは部派仏教と呼ばれています。

源が一つである仏教が小乗と大乗にいつ分かれたのか、その時期ははっきりしません。その理由の第一は、インドには編年的歴史記述（年代を追って記述された歴史書）がなく、したがって年代を確定できる史料が少ないことがあげられます。第二の理由は、大乗にも小乗にも教祖のような存在はなく、また経典の著者も確認できないので、その起源を確定することが不可能だからです。

文字で記された経典が現われるのは、ブッダ入滅後二〇〇年あまりも経ったアショカ王の時代（紀元前二七〇年ごろ）で、王は仏教をたいへん信仰し、ブッダの教えの中でもとくに七つの教えを実行するよう国民にもすすめました。その第七〈嘘をつかないこと〉の教えは、パーリ語『中部経典』の第六十一経、漢訳『中阿含』の第十四経に相当するとされています。

しかしこのころは、まだ最初期の経と考えられるダンマパダ（法句経《ほっくきょう》）やスッタニパータ（パーリ語の詩の経）も出来ておらず、それ以後二〇〇年以上かかって徐々に経典が形成されていったので、大乗経典も紀元後、形を整えていったものです。

おもな大乗経典には、般若経《はんにゃきょう》、華厳経《けごんぎょう》、維摩経《ゆいまぎょう》、勝鬘経《しょうまんぎょう》、法華経《ほけきょう》、浄土三部経などがありますが、これらは小乗の人たちは使いません。小乗にはさきにあげたダンマパダ、スッタニパータを含むパーリ語のニカーヤ（五部経）の長部（漢訳＝長阿含）、中部（同＝中阿含）、相応部（同＝雑阿含）、増支部（同＝増壱阿含）、小部などの経典があります。

小乗の経典は理論的な、大乗は直観的な叙述が多くみられます。これは大乗が在家信者を対象としているため、わかりやすく述べようとしたためでしょう。

3　宗教的姿勢の違い

小乗は、まず自分が悟りを得ることを最大の目標とし、ブッダが歩んだ同じ道を歩むことを修行の第一としています。そうでなければ人に教えることはできない、悟りの確信がないあやふやなことは教えられない、だから自分の修行をまず第一にする――という立場で、これはある意味で非常にまじめな考え方です。

これに対して大乗は、今現在苦しんでいる衆生を済度《さいど》（救済）することが先決であり、そのためには自分が悟りに達しなくても（悟りを得ることを犠牲にしても）まず仏の教えを大衆に広めていこうという立場です。これは一見、大衆第一の考えのようですが、自己犠牲を忘れた時修行をおろそかにし、堕落していく危険性をも孕んでいます。これが現実のものとなったことは歴史が明らかにしています。さらに在家との接触が密であるため、在家の暮らしに引きずられる面が出て、いっそう俗化が進んでいったわけです。そのなれの果てが、現在の日本のお坊さんたち（すべてとは言いませんが）の姿だと言えるでしょう。

しかしいずれにしても、ブッダの慈悲心は小乗とか大乗とかいうような狭い小さなものではなく、大きな自己犠牲に発したすべてを包み込むものであり、修行と衆生済度を分離するようなものではありません。だからこそ仏教が大きな力となり得るのです。

Ⅴ　仏教諸派の発生

1　インドの場合

現在、仏教にはいろいろな宗派があり、とくに日本ではその宗派がまたいくつにも分かれたりしています。しかし仏教には、もともと宗派などというものはありませんでした。ブッダが伝道していた時代はもちろん、ブッダ入滅後もインドにおいては、宗祖を名乗ったりするような者は出ず、特定の経典を奉ずる宗派のようなものは生じませんでした。

ブッダを中心にしたサンガ（修行者の集まり）は命令系統を持った組織体ではなく、ただ同じ道を歩むために戒律を守ることによってまとまっていた集団にすぎません。そこではブッダが唯一の指導者であり、ほかに誰が誰を指導するというようなことはありませんでした。すべてが平等の立場で修行していたのです。

ブッダ入滅後はいくつものグループが出来ましたが、それは特定の経典を奉じて宗派を興したわけではなく、ブッダの教えに対する解釈の相異から生まれてきたもので、のちに大乗と小乗という二つの大きな流れに分かれますが、それも宗派ではありません。そしてサンガの性格もそれほど変わりませんでした。

2　中国の仏教

始祖を持つはっきりした宗派が現われるのは中国においてです。

初めて中国に仏教が伝えられたのはインドから直接にではなく、紀元前一世紀から後一世紀にかけて西域の僧たちが経をたずさえて中国に入ってくるようになり、中央の貴族、知識階層から次第に広まっていったのでした。そして隋唐時代にもっとも盛んになりました。

仏教が伝えられると経典の原本を中国語に翻訳することも盛んになり、それらはすべてサンスクリットの大乗経典でしたので、中国の仏教は大乗仏教です。インド貴族の血を引くといわれる僧クマーラジーヴァ（鳩摩羅什＝三五〇～四〇九年）は多くの大乗経典やインドの仏教論書を漢訳しましたし、経典を求めてインドに旅した唐の玄奘《げんじょう》（六〇〇～六六四年。『西遊記』の三蔵法師のモデルといわれる）は持ち帰った大部分の経典を訳し、これらは中国仏教の形成に大きな影響を与えました。

ところで、こうして中国に入った仏教がどうして、インドにはなかった宗派をつくるようになっていったのでしょうか。

3　中国仏教の宗派

中国で宗派が発生した理由には多くの説がありますが、やはりその国民性と文化の特質とが相まって、最初は修行の法であったものを、政治的な権威として利用することに傾いていったからだと思われます。つまり、国家の管理、統制下に置かれるようになったことです。それはまた民衆を治める手段としても用いられるようになっていきました。そうした中で必然的に宗派というものが発生していったわけです。

インドでは宗教家（バラモン）がいちばん上の階級とされており、出家者や修行者に対しては俗社会の支配者である王も敬意を払い、それを管理・統制しようという発想が生まれなかったのでした。しかし中国においては、仏教は外国から入ってきた新しい思想であり、支配者としては、油断のならない相手だと考えたとしても無理はありません。

そこで、僧になるためには政府の許可を必要とするようにし、その登録を通じて管理・統制を行ないました。こうして権力との関わりを持つようになれば、たとえ宗教者といえども、そこに派閥が生じるのは当然のなりゆきといえます。それに当時の中国は世界の中の先進国であり、自らを世界でもっともすぐれたものであるとする〝中華思想〟におおわれていましたから、外来文化を受け入れるに当たっても、自分たちを中心とした中国風の解釈をふんだんに盛り込みました。

こうしていろいろな宗派が出来ていったのですが、最初に出来たのは六世紀後半に智顗《ちぎ》（五三八〜五九七年）が創始した天台宗です。そして、それまではサンガ的な修行と研究活動を行なっていた各教団も、次々と宗派としての組織を整え、三論《さんろん》、法相《ほっそう》、華厳《けごん》、真言《しんごん》、律《りつ》、禅《ぜん》、浄土《じょうど》などの各宗が生まれることとなりました。

第二部　大　乗

Ⅰ　日本の仏教

1　仏教の伝来

日本の仏教も中国同様、インドから直接伝わってきたのではなく、またもちろん中国のようなサンスクリットの経典ではなく、中国のフィルターのかかった仏教、すなわち宗派仏教が、最初は朝鮮半島を経由して伝えられてきました。

初めて公式に仏教が百済《くだら》から伝えられたのは五三八年（欽明天皇七年）とされていますが、しかしそれ以前からも蘇我氏のような豪族などには、新しい文化として仏教（経典）が伝えられていました。だが当時は仏教の教えを理解して信仰したわけではなく、いわば氏神と同じようなものとして自分たちの氏族を守ってくれる新しい神として崇めたわけです。

朝廷が仏教を受け入れようとしたのもやはり同じような動機からで、国家鎮護の守り神としたいということからですが、それは同時に仏教を国教として受け入れるということになります。そこで有力な豪族である物部氏はこれに対して強く反対しました。もちろんその教義が良い悪いということではなく、異国の神を拝んだりしたら日本古来の神々がお怒りになるという理由からでした。

そしてそれには政治的な勢力争いが大きく絡んでいました。蘇我氏と物部氏は二大勢力として対立していましたが、蘇我氏は自分の主導で新しい文化を採り入れ、それを背景に地位の強化を図ろうとしました。そうはさせじと物部氏は猛烈に反対し、両者の激しい争いが展開されていったのです。この争いは結局、物部氏の敗北に終わり、蘇我氏はその後独占的な勢力を築いていくのですが、このように仏教は最初、天皇中心の統一国家を造りつつあった古代権力の、国家鎮護の役割を果たすものとして受け入れられたのです。

古代国家が大きく飛躍するためには、これまでの氏族を守る私的な氏神信仰から、氏族を超えた国家を守るべき公の神を必要としていた時代的な要求があったからです。

2　日本の宗教風土

仏教がその教えるところの内容よりも、呪術的な力を持った新しい神として受け入れられたのは、さきに述べた政治的な背景とともに、今一つ、日本の宗教風土が大きくかかわっています。

日本人は自然のあらゆるものに神が宿っていると考えていました。こうしたアニミズムが信じられたのは、自然がそれほど厳しくなかったからでしょう。しかしその自然も、時には災害をもたらすほどの荒れ方を見せることがあります。それを鎮める役目をするのが巫女《みこ》（シャーマン）であり、卑弥呼はその代表です（実在したかどうかはともかく）。

このようにアニミズムとシャーマニズムが複合したような考え方（神のイメージ）を日

本人は持っており、それは現在にも続いています。

だから日本人にとっての神は人間からかけ離れた存在ではなく、人間も死んで肉体を失えば、その霊は神となって子孫を守ってくれるという考えが自然に出てくるわけです。それが祖先崇拝という形で現われ、死者を神（仏）として祀ることになります。

こうした風土の中では、ホトケもそれまでの神と同じように考えられたとしてもある意味では当然で、日本の仏教がもとの姿から大きく変容していったのも無理からぬことでしょう。

3　国が管理する仏教

さて、さきに述べたように蘇我氏の勝利によって仏教が受け入れられると、国の管理下に置かれ、寺は国の建てる官寺しか認めず、僧になるには国の認可を必要とするようにしました。その認可権を与えられたのが東大寺で、戒壇（僧になる資格としての戒を授ける所）を設け、ここで戒を受けなければ正式に僧とは認められませんでした。それらは中国が行なった政策と同じようなやり方ですが、当時の先進国である中国をお手本にしたのは当然といえるでしょう。

しかしそうした国の政策とは別に、豪族たちは私寺を建て、従来の氏神と同じように信仰する者もたくさんいました。たとえば、のちに大きな権力を持つようになる興福寺はもともと藤原氏の氏寺であり、その守護神の春日神社は藤原氏の氏神です。また、国の許可なく僧になる者（それらを私度僧《しどそう》と呼びました）も多く現われ、国の禁止にもかかわらず民衆に布教して歩きました。そうした中で、行基《ぎょうき》（六六八〜七四九年）の業績はとくに知られています。

《聖徳太子》

欽明天皇の時から三〇年ほどして、聖徳太子（五七四〜六二二年）は法華経《ほけきょう》、維摩経《ゆいまきょう》、勝鬘経《しょうまんぎょう》の三経に関する注釈書『三経義疏《さんぎょうぎしょ》』を著しました。これは日本人が仏教を思想的に理解しようとして著した最初の書であり、現在からみても非常に高い水準の内容のものです。

太子は仏教の真理を、民衆救済の政治理念の基本にすえるべきだと考え、十七条憲法の第二条に「篤く三宝を敬え。三宝とは仏法僧なり」と盛り込みました。また、法隆寺を建立するなど、太子のこうした仏教に対する帰依は、のちの太子信仰とも相まって日本の仏教に大きな影響を与えました。

《奈良仏教》

仏教の伝来以後、次第に寺院や僧侶が増え、八世紀の中葉には第一次の大きな隆盛期が訪れました。いわゆる奈良仏教の時代で、当時の宗派には三論宗（法隆寺、大安寺が中心）、法相宗《ほつそう》（元興寺、興福寺が中心）、華厳宗《けごん》（東大寺が中心）、律宗（唐招提寺が中心）、成実宗《じようじつ》、倶舎宗《くしや》の六宗があり、南都六宗と呼ばれています。

これらの宗派はちょうど中国の宗派を引き写しにしたものですが、のちの仏教教団に見られるような、ただただ自宗の奉じる経典だけを唯一正しいものとし、他をかえりみず、あるいは排斥するというような形の宗派ではありませんでした。

宗は衆とも書かれ、明確な派閥ではなく、それぞれが他宗の経典や理論も自由に勉強し、また一寺院内に各宗が併存することも珍しくありませんでした。この時代の教団・寺院は、まだ修行と研究の場としてのサンガのような性格を持っていたといえます。

《最澄と空海》

こうした仏教の興隆を背景に、九世紀初頭の八〇四年、三十八歳の最澄（七六七―八二二年）と三十一歳の空海（七七四―八三五年）が、肥前国（長崎県）松浦郡田浦から遣唐船に乗り、留学のため唐に旅立ちました。そして最澄は天台山の天台宗に学び、翌年、四六〇巻の経典を持ち帰り、空海は長安の青竜寺《しようりゆう》で真言密教を学び、翌々年、四五一巻の経典をたずさえて帰国しました。この二人はのちに伝教大師（最澄）、弘法大師（空海）と崇められ、日本仏教に大きな影響を与えました。

帰国後、彼らはそれぞれ奈良の南都六宗とは別に、最澄は天台宗を、空海は真言宗を創始しました。この二宗が、現在に連なる宗派仏教の原形になったといえます。とくに天台宗は、のちに比叡山で学んだ法然、親鸞、道元、日蓮らが自ら宗派を興し、いわゆる鎌倉仏教の開祖となりました。また真言密教は山岳宗教の修験者（山伏）とも結びついて加持・祈禱を盛んにしました。

比叡山に開かれた天台宗は、奈良の南都に対し北嶺と呼ばれ、〝南都北嶺〟と並び称せられる大きな勢力になっていきました。最澄はこの比叡山に、南都にしか許されていなかった戒壇を設けたいと考えいろいろ運動しましたが、新しい勢力を抑えようとする南都の妨害に遭《あ》ってなかなか実現しませんでした。

彼の死後間もなく（八二二年）、大乗戒壇の勅許《ちょっきょ》が下り、南都仏教の後退と同時に名実ともに天台宗は国家宗教としての地歩を固めていくことになりました。

空海の真言宗も、彼が修禅道場とした高野山金剛峯寺《こんごうぶじ》（のちに準官寺とされる）と、嵯峨天皇から下賜された京都の東寺（教王護国寺）を根本道場とし、密教のメッカとして勢力を拡大していきました。

4　鎌倉仏教

いわゆる〝鎌倉仏教〟というのは「鎌倉時代の仏教」ではなく、鎌倉時代に新しく興った各宗派を指していきます。

法然（一一三三―一二一二年）が浄土宗を、その弟子親鸞（一一七三―一二六二年）が浄土真宗を、栄西（一一四一―一二一五年）が臨済宗（禅）を、道元（一二〇〇―一二五三年）が曹洞（禅）宗を、日蓮（一二二二―一二八二年）が日蓮（法華）宗をそれぞれに開いたのですが、それらの宗名は今の私たちにもなじみが深いように、信徒も多く、現在の仏教宗派の主流となっています。

その開祖たちはいずれも天台・比叡山で学んだのですが、彼らは天台の法灯を継がず、自ら新しい宗派を興していきました。それは天台宗そのものが、あまりにも権威的な国家宗教・貴族仏教となっており、庶民大衆とまったくかけ離れた存在になっていたからです。

仏教に自らの生きるよりどころとしての真理を求めていた彼らにとって、そこでは満たされるものが得られなかったのです。それは武家の興隆という新しい時代の潮流とも深く関係していますが、彼らは自分が納得できる新しい仏教を打ちたてる道へと進むほかなかったのです。

これら新仏教は、それまでの南都北嶺の仏教に対して大きなインパクトを与え、仏教の大衆化を促す大きな力となりました。禅は新興の武士階級に広く浸透していき、念仏は民衆の信仰を集めました。しかしまた一面、それぞれの宗派が特定の経典を奉ずることによって、自宗だけが正しいとするような、仏教の視野を狭めてしまうことにもなりました。ことに日蓮は法華経のみが真の経典であると主張し、「念仏無間《むけん》、禅天魔《ぜんてんま》、真言亡国、律国賊」と激しくほかを非難しました。

5　仏教の世俗化

わが国の仏教はさきにも述べたように、もともと国家鎮護の役割を担って、いわば国営宗教として採り入れられ、したがって国の保護によって盛んになっていったのですが、十世紀前後からますます国家権力と結びつきながら自らの勢力を次第に拡張していきました。そして厖大な荘園領地を抱え、経済的にも大きな力を持つようになりました。

僧正、大僧正といわれるような高位の僧は貴族と並ぶ権門を誇り、こうなると出世を目指して出家する者も多くなっていきました。

こうした方向は、寺院が修行の場から世俗欲望の場へと変わっていくことであり、仏教として堕落の道をたどることでもありました。

鎌倉時代に興った新しい宗派は、その教義が本来の仏教に即して正しいかどうかはともかく、仏教の大衆化に大きな役割を果たしましたが、その後継者たちは時代を経るにつれて開祖たちが意図した仏教の新しい波を継承するのではなく、時の政治権力と結びつくことに力を注ぎ、いっそう世俗の流れに身を任せていきました。

寺院のこうした権勢も戦国時代に入ると様相が一変し、織田信長の比叡山焼き打ち、豊臣秀吉の根来寺焼き打ちに見られるごとく、戦国大名の武力に屈服せざるを得ませんでした。しかしまた、その支配を受け入れることによって寺院は生き延びていくのです。

家康が天下をとり徳川時代に入ると、寺院は完全に幕府の統制下に置かれるようになり、仏教もまた支配機構の一端を担わされるようになりました。

その方法として徳川幕府は、すべての領民に、何宗であるかを問わず住む土地の寺院の檀家（信徒）になることを強制しました。寺院はその信徒の家族を含めた名簿台帳を作って保管し、それは人別帳（今で言えば戸籍簿）として利用されました。いわば寺は役所の戸籍係の役目をしたわけで、領民は寺の証明がなければ領外に出る通行手形ももらえませんでした。そして幕府は寺社奉行を置き、それらの寺を直接支配・管理しました。こうして権力機構の一端を担うことになった寺院は、安定した信徒を確保することができ、寺領もまた保証されて経済的にも安定しました。

このように、幕府が寺院をある意味で優遇したのは、切支丹《キリシタン》（キリスト教）排除のためでもあり、鎖国政策に欠かせなかったからです。現在でも日本人のほとんどが何らかの仏教宗派の信徒になっているのは、この徳川時代の寺院政策によるものです。

このように権力の一部となった寺の僧たちは、もはや布教に精を出す必要もなく、教義の勉強は宗派の中で出世するためのものとなっていったのも、当然の成り行きでしょう。

明治維新のあと新政府は、神道を国家宗教とするため排仏毀釈《はいぶつきしゃく》（神社に祀ってある仏像などの追放や寺院の廃棄）の政策を進めて仏教を圧迫し、神仏をはっきり分離させようとしました。これによって神道勢力の強化には功を奏しましたが、仏教宗派は政治権力から除かれたとはいうもののそれほど大きなダメージとはならず、檀信徒関係もほとんど江戸時代のまま引き継がれました。

しかしそれは、寺院や仏教が信仰対象として民衆の強い支持を得ていたからではなく、永年にわたる宗教儀礼（葬式や法事や祈禱など）が惰性によって引き継がれたからだといえるでしょう。とくに先祖代々の墓地の存在とその供養の慣習が、民衆を寺に引き留める大きな理由であったといえます。

第二次大戦後は、寺の上位に遇されていた神社が占領政策によって国家の保護を失い、仏教も神道もそのほかすべての宗教も〝信教の自由〟ということで平等に処遇されることになり、政治権力との関係は一切断たれました。

しかし、社会的には大きな変動があったにもかかわらず、寺と檀家の形は基本的にさほど変わらず、本来の宗教的影響力（教義への信仰）はいっそう薄れながらも、いわゆる〝葬式仏教〟は現在まで根強く続いているわけです。

仏教のたどってきた跡を、シャカの誕生から現代の日本仏教まで駆け足で見てきたわけですが、ブッダの悟りによって開かれた仏教と現代の日本仏教では、大きな違いのあることに気づかれたことと思います。

それはなぜか？　もちろん、仏教が生まれてから現在までの二千数百年の間の社会の変化や、仏教が伝えられた国々の独自な状況も大きな原因の一つではありますが、何といっても最大の原因は、大乗仏教が現われたことにあるといわねばなりません。

そこで次の章からは、なぜ大乗仏教が仏教を変質させてしまったのかを見ていくとともに、ブッダの悟りとは何かを詳しく述べようと思います。そこに仏教のほんとうの姿を見ていただけるはずです。

Ⅱ　大乗仏教への展開

1　大乗は滅びる

「大乗の仏教は滅びる」と言うと、皆さんはびっくりされるでしょう。日本の仏教は全部大乗仏教ですから、日本のお坊さんたちは「そんなバカな！　けしからん、何を言うか」とお怒りになるに違いありません。しかし本来的に申しますと、大乗はその成立した時から滅びる運命をもって生まれているのです。仏教がインドで生まれ、小乗はインドからタイ、ビルマ（ミャンマー）、セイロン（スリランカ）に移ります。すなわち「南伝仏教」です。本家インドは大乗の思想を採りました。

いちばん栄えたのはアショカ王（紀元前三世紀）の時代です。アショカ王は非常に熱心な信者で、仏寺を建立し仏典を著わし、熱心に布教しましたが、インドの仏教はいつの間にか衰退して、現在はほとんど消えてしまいました。

このインド大乗の隆盛時、多くの書物を持ち帰った中国人は、中国で大乗の仏教を栄えさせました。インドから持ち帰られた経典はいろいろに解釈されて、天台、真言などたくさんの宗派を生み、立派な寺が建てられ、多くの名僧が出現しました。日本から最澄、空海が海を渡ったころの中国は大乗仏教の最盛期にあったわけです。

大乗はこうしてインドから中国に渡り、さらに満州、朝鮮半島に伝わり、日本も大乗仏教の国になったわけです。しかしどうでしょう、そのあとまず本家のインドで姿を消し、中国、満州で薄れていき、お隣りの韓国でも今ではほとんど、キリスト教を中心とする他宗教に変わってしまいました。ただ日本だけは、聖徳太子という古今稀な秀才が仏教をすすめたことと、日本古来の先祖崇拝という国民土着思想とがうまく融け合って、なんとか今日まで伝統を保持してきたといえるでしょう。ただし大乗仏教は滅ぶべくして滅んだといえます。すなわち大乗の根本思想の中に、やがて滅ぶべき原因が内蔵されているのです。それはこれから徐々に解き明かしていきましょう。

2　日本で開花した大乗の真髄

碁や将棋がインド、中国から日本に伝わり、結局日本で洗練されて開花したように、日本人は異国文化を上手に受け入れるだけでなく、それを追求し純化して、単なる遊戯を格調高い文化に、単なるスポーツを芸術にまで高める特殊な才能を持っているようです。

たとえばカラテ（空手）にしても、単なる格闘技の技術をカラテ道として完成された武道に仕上げました。本国ではとっくに忘れられかけていたこれらの技術を、日本人はこつこつと研究し、その中に道を求め集大成するわけです。

今でこそ碁もカラテも日本以外でずいぶん盛んになりましたが、これは戦後日本が世界に広め、欧米人が興味を示すようになったおかげで、欧米ではあくまで碁は「GO《ゴ》」、カラテは「KARATE《カラテ》」と日本語で呼ばれ、日本において完成されたと理解されています。

大乗仏教は中国（朝鮮）から伝来し、初めのうちはわからぬままにありがたいお経として日本国内に広がったのは第一部で述べたとおりです。各地に国分寺が建立され、その大僧正になることは即最高の立身出世につながるものですから、低い身分から出世しようとする当時の若者・賢者は争って僧門をたたいたに違いありません。

僧門には優秀な人材が集ったわけですが、その人たちの中には立身出世だけではなく、ほんとうに仏教に取り組んでブッダ（仏陀）の教えを学ぼうとする人たちも数多くいたことでしょう。しかし残念なことに、このまじめな求道者たちは、ブッダの教えを、中国というフィルターのかかった大乗仏教の経典から学ぶほかなかったのです。

3　ブッダの教えは巨象と盲人

よく言われるように、ブッダの教えは〝巨象と盲人〟です。ブッダの悟りは深く、広く、凡人はもとより智者賢者といえども一言で説を理解することはとうてい不可能です。

ブッダはその時その場所その人に対してそれぞれ適切な説教をしているのですが、それはその時その場所その人が聞いて初めて理解できるものであり（そのブッダの言葉によりただちに悟りを開いた人も当時はたくさんいました）、それ以外の人にとってはとても理解しがたいことなのです。

そのため〝巨象と盲人〟のたとえ、すなわち――たくさんの盲人が巨象の周りに集まり、ある人は鼻をなぜ、ある人は足指にさわり、ある人は尻尾に触れて、それぞれがこれこそ象であると理解してその説を曲げない――というように、ブッダを取り巻く各宗派がブッダのほんの一部をとらえて、これこそブッダの教えであると主張している現在の姿があるわけです。

おまけに大乗の経典はブッダ入滅後数百年を経て徐々につくられたものであるうえ、中国によって中華思想のふるいにかけられ、しかも各宗派が拠って立つところのお経ですから、それをいくら詳細に読破しても、いかな賢者といえども「ああわかった」と理解できるわけはありません。しかし志を立てて僧侶になった以上、わかりませんでは話にならないので、徹底的にわかったふりをするか、それとも自分なりに苦しみ抜いて最後まで努力するか、二つに一つしかありません。

このへんに大乗と小乗の差が出てきます。そろそろ皆さんもお気づきかもしれませんが、小乗ではこういったお坊さんの苦労というものはほとんどありません。なぜならば、小乗では自己完成がその主目的であるからです。小乗のお坊さんは自らを正しく生き、凡俗を捨て戒律を守りメディテーション（瞑想）をしていれば、世人はこれを敬い、高僧とのふれ合いによって世人も浄化され、喜捨によって救われていくわけです。すべて自力本願、自助救済です。

しかし大乗には衆生済度《しゅじょうさいど》（俗人の救済）という大命題があります。門前に集まってくる衆生を助けなければならない。そのためには僧侶たるものは、仏教に対する確固たる信念を確立していなければならないのですが、修行に時間をつぶすより、ブッダの教えをたよりに民衆の救済に力を入れる、すなわち他力依存型になりがちなのです。

4　ブッダの側面　慈悲の心

ブッダが菩提樹の下で大悟した時、ブッダは完成されたわけです。それ以上何を必要としましょう。ブッダは法悦と歓喜の中に蓮の台《うてな》で昼寝をしておればよかったわけです。しかしブッダはこの法を人に伝え、人々を自分同様幸福にしてやろうとあえて立ち上がって、このあと何十年もの苦しい伝教の旅に立つ決心をするのです。これがすなわちブッダの慈悲です。

小乗の世界はこのブッダの悟りを中心に展開し、大乗の世界はこのブッダの慈悲を中心に仏教を解説しようとしているようです。

小乗仏教の世界、すなわちブッダの最初の説教、これは仏教の中心であり、キリストの「山上の垂訓」に比されるべきものです。それは悟りを開くための八正道について説かれたものですが、これについては章を改めて詳述します。

大乗ではこの中心的説教よりもブッダの慈悲にたよるところが強く出てきます。すなわち、ブッダのような偉大なる悟った人が、私が一つ衆生済度のために立ち上がってやろうとおっしゃったんだから、がたがた言わずにその慈悲におすがりしようじゃないかという、それ以外に救われる道はないというもので、その考えに沿ってアミダ様や慈悲深い仏様が次々と現われます。

この思想は大乗渡来以後、日本で徐々にかもし出されていたのですが、これを極限にまで高めたのが親鸞だといえます。ここで大乗の真髄が姿を現わすのです。またしても日本で、はるかインド、中国を経て渡ってきた異国宗教の真理の一面が開花したといっても過言ではありません。

では親鸞はいったい、仏教の中に何を見出したのでしょうか。

5　破戒僧　親鸞

親鸞は地獄に落ちたか？　まず一〇〇パーセントの確率で破戒の罪で地獄に落ちたでしょう。しかしこれは親鸞にとっては十分覚悟の上のことで、「……たとひ、法然上人にすかされまひらせて、念仏して地獄におちたりとも、さらに後悔すべからずさふらふ」と語っておられるのですから、あえて望んだ道だとしか言いようがありません。

親鸞によって救われた人はいるでしょうか。それはきっと他教よりは多くいるに違いありません。ではなぜ？

親鸞は才気煥発の秀才型というより、どちらかというと鈍重な、喰らいついたら離さない、物事をあくまでも追求していくタイプの人であったようです。

親鸞はブッダの教えを理解しようとして、おそらく古今を通じていちばん努力し苦しんだ人ではないでしょうか。せめて小乗の仏典の一つでもあれば、数少ない悟りを開いた聖僧の一人になっていたかもしれません。しかしながら、大乗仏典をひもといても悟りへの道には程遠い。自分の周りには自分と同じように苦しみながらも光の道にたどりつけない大衆が救いを求めています。絶体絶命の中に——ただ一つたよれるものは仏の慈悲しかない。自分の尊厳を捨てすべてのわだかまりも捨て、坊主であることも人間であることも捨てて、ただ一つ仏の慈悲におすがり申す――これは、悩みに悩んだ末の悲壮な結論であったことでしょう。

最低守らねばならぬ五戒も破り、妻《めと》を娶り、あえて煩悩の淵に足を踏み込み、結果、煩悩のかたまりである子供をつくり、因果応報の仏理どおり結果として自分の子に反逆され、煩悩の苦しみの頂点を行くのですが、これはもとより覚悟の上のこと、ただただ御仏の慈悲にのみおすがり申して南無阿弥陀仏を唱えるのです。その姿はおそらく世人に異常な尊敬と感動を引き起こしたことでしょう。これなら私にでもできる！　と。

達磨《だるま》大師は九年間も壁に向かって坐禅し（面壁九年）、足がなくなってしまいましたが、こんなきつい修行では「我に続け」と号令しても庶民にはとてもついていけません。

しかし親鸞は僧侶でありながら妻を娶りました。これは当時としては、一般人が強盗になるより勇気がいるはずで、そんな子供をつくるような僧が衆人に説教をしている――これを見て庶民は、あれで救われるならどうして我々が救われないことがあるだろうかと思ったことでしょう。

親鸞の言葉を弟子の唯円が書き留めた『歎異抄』という本に「善人なをもて往生をとぐ、いはんや悪人をや」という言葉があります。これは「善人より悪人のほうが往生しやすい、すなわち救われやすい」と言っているわけです。

その意味するところは、善人は自分は善いことをしてきたのだという自負があるから救われて当たり前という気持ちがあるので真剣にアミダ様にすがろうとしないが、悪人はただただアミダ様にすがる以外に道はないので心からすがることができるのだ、というわけです。しかしふつうに考えれば、善人より悪人のほうがよく救われるというのはちょっと奇妙な理屈だと感じませんか……。

熱心な真宗のお寺ではよく『歎異抄』の勉強会がありますが、その「善人なをもて……」の部分は、中心命題であるのにあまり突っ込んで検討されないようです。ちょうどキリスト教で、キリストが最期の息を引き取る時、天に向かって「神よ何ぞ我を見捨て給いし」と言ったくだりを、神父さんが教会であまり説明しないのとよく似ています。だが今までの親鸞の生き方を見てこられた読者なら、なんとなく親鸞の言いたいことがわかる気はしませんか。インド・中国・満州・朝鮮・日本と伝わった大乗は、どこの国でもその中心思想にまでたどりつく前に滅んでしまい、唯一日本で親鸞によって見事死に花を咲かせたといえましょう。しかしどうでしょう、まことにこの中に大乗は滅びるという命題が見事に証明されているわけです。なぜなら、凡夫のままの現象世界をそのまま肯定するなら、修行して悟りに到達する道を教えたブッダの教えは不必要になり、仏教の堕落崩壊が進むことになるからです。

6　僧侶とセックス（妻帯）

ここでお坊さんと妻帯について少し掘り下げて検討してみましょう。小乗の世界では現在でも、ミャンマー（ビルマ）、タイ、スリランカ（セイロン）の僧は結婚しません。およそセックスの世界ほど卑俗な世界はないわけで、一般の日本人旅行者でさえセックスアニマルなどと言われ、金をしこたま巻き上げられてなお非難されるほどの世界です。日本の僧でも一応五戒は守られています。お酒は般若湯《はんにゃとう》と言い換え、女は外に囲うなどということがあるにしても、浄土真宗以外では五戒は大僧正になるためには必須条件になっていました。

なぜセックスは宗教家にとってそれほど重要な意味があるのでしょうか。

理由は簡単です。どんなに偉い社長様でも学者様でも避けられないことがあります。それは個体維持と種族保存の本能です。動物も植物もこの二つの本能によって生きています。親鳥が自分のやせ細る体をものともせずせっせと巣に餌を運ぶ。それは決して愛情からではなく、ひなが黄色い口を開けていっせいにピーチクやるのを見ると、性的興奮からそうせざるを得ない本能に駆られるからだといわれています。ひながピーチク言わなくなり飛び立つと、もう〝他人〟です。アザラシの母親が子供を逃がすためにわざと危険な山手に狐をおびき出して自分がやられるのも、愛情ではなく本能とされています。動物の子供がライオンでもトラでもすごく可愛いのは、母親の本能をくすぐるためであるとされています。

さて人間はどうでしょう。人間ももちろんそうです。そのうえ人間は知恵がありますから、この個体維持と種族保存の本能にも知恵の輪がかかります。出家前のブッダがまさにそうでした。ぜいたく三昧の食事と環境、群がる美女と最高の妻。

しかしブッダは無常を知り、出家します。まさに城を捨て荒野に苦行するのです。それが宗教です。その完成が悟りです。悟りに煩悩は毒です。というより悟りに近づけば近づくほど煩悩は去っていきます。悟った人はすでに煩悩から解脱した人です。個体維持・種族保存の輪廻から解放された自由人です。

ブッダの悟りに近づこうとする宗教家にとっては、煩悩はまず解脱さるべき第一目標です。

それでも悟ったようなお坊さんは、大悟して酒を飲み女を買って堂々としているようですが、それはほんとうの悟りではなく自己満足です。それはそういった情感を克服したのではなく大悟克服したように思っているだけで、ほんとうの悟りとは程遠い道を歩んでいるのです。人間の業というものはもっともっと深いものです。大悟したつもりでセックスしておれば、一般人よりもっと深い地獄に落ちます。

しかし大乗の世界はこれをも許したのです。大乗はどんどん俗化し、ついに民衆の尊敬を失い、滅びゆく運命を背負っているわけです。

第三部　悟り

Ⅰ　ブッダの悟り

ブッダは六年間の苦行を経て、ついに菩提樹の下で結跏趺坐《けっかふざ》（坐禅）して悟りを開いたことは前にも述べました。

ブッダはこの悟りによってすべての業から解放され、全智全能の人となったわけですが、この悟りというのは、どんなものでしょうか。

ブッダはこの悟りについて、悟りとはどういうものか、どうすれば悟りに至れるかを、いたれり尽くせりで説教しています。これが主として小乗経典に載せられており、したがって小乗仏教の主眼目はこの悟りの追求であるということもすでに述べたとおりです。

また大乗でも、もっとも小乗に近いとされる禅宗では、やはり悟りということはたいへん大切なことになっています。しかし、やはり大乗の悟りと小乗の悟りでは少し異なったところがあるのです。

Ⅱ　螺旋階段の悟り

人間誰しも何か一つのことに根《こん》をつめて集中すると、ある瞬間にハッと思いつくことがあります。たとえば、野球の選手が一心にバットを振って飛ばそうとするがどうもうまくいかない。練習し、もうダメだとあきらめかけたある日、ふと何かをつかんだ気がして、翌日バットを振ってみると思うようにボールに当たる。アッというまにホームランがポンポン打てるようになった、というような話がよくあります。これも一種の悟りなのです。

会社の経営者で、永年苦労に苦労を重ねてある水準に達した人の中には、眼光炯々としてなおかつ慈悲深く、その話は世の中を透徹して淀みなく、判断は正確無比でまさに高僧のようだと言われる人がいます。このような人も人生の苦を経て、ある種の悟りに到達した人といえるでしょう。

『大道無門関』という本に出てくる禅宗の僧が「アリャアリャ」と指を立てる、あるいは、ほうきの先が石に当たる音を聞いて悟りを開く、これも悟りです。

それではこれらの悟りはブッダの悟りと同じものでしょうか、それともまったく異質のものでしょうか。

悟りに異質はありません。人間が苦難の末にたどりつく悟りはみな同質です。ただ、同質ながら同一ではありません。それは螺旋階段の上にあるのです。

野球選手が得た悟りは小さな悟りです。悟りに至る階段は少しずつ少しずつ上昇しているのではありません。それは突然、忽然《こつぜん》と悟るのです。

これはヘーゲルの弁証法にも出てきます。

ヘーゲルの弁証法の中心命題は、量から質への転化です。あるものが量的にどんどん増大していくと、ある時点で突如として質の変化を起こすという、物界・霊界に通じる真理です。彼はそれを一つの例で説明しました。すなわち、ある容器に砂糖水とバクテリアを入れて暖かい温度に保つと、バクテリアはどんどん繁殖する。ところがある一定の量に達すると、いかに温度を保ち栄養を与えても成長は止まり、しかも自ら出す毒素によって死滅に到る、というものです。

ヘーゲルの弁証法は宇宙の真理を示したものですが、悟りの境地にも適用されます。最初にあげた野球選手の場合、練習量を増やし努力すればするほど、なるほど少しずつ技術は上達します。しかしこれはあくまで積み重ねの量の問題です。ところがそれがある極限において突如、質の変化をもたらすのです。「ああわかった」という心境——とたんに彼は、今までとはまったく違った人間に変わったのです。ある種の悟りを開いた人となり、そのとたんに相手が投げてくる球筋、スピードがなんの苦もなくわかるのです。振れば当たる。当たれば飛ぶ、まさに打撃王です。

しかしこれはブッダの悟りですか？　いやいや、程遠いほんの小悟です。螺旋階段の最初のステップの悟りです。

いくら打てば当たるといっても、相手も練習を積んで、この球こそと命をかけて投げてくると、打球をミスします。投げる方も工夫に工夫を重ね、ついにそれなりの球筋の悟りを得ていたとすれば、勝負はこれからです。また悩みの世界に入ります。こうしてその積み重ねがある日突然、次の悟りの世界に入ります。まったく同じことを積み重ねながら、いつの間にか、同じ位置すなわち同じ螺旋階段の一つ上の所にいるわけです。

小悟は小の中悟になり、小の中悟は小の中上悟になり、徐々に螺旋階段を登ることになります。ここで大切なことは、必ず同じ位置に戻ってくるということです。同じ位置でありながらその重さが違う、すなわち少しずつ上に上がっているということです。

しかし、このいちばん最初の小悟でさえ何十万人に一人得られるかどうかと言われているほど難しいのです。したがってこの最初の小悟を得ただけで、野球選手なら数年はホームラン王、打撃王の座を守れるでしょうし、碁打ちならしばらく棋聖、名人、本因坊ぐらいは独占できることでしょう。

それほど悟りというものは第一段階であってさえ、今までとまったく違った世界を獲得するのです。真に自分というものがフッ切れ、自分自身が宇宙とともにあり、聞かずして相手の意図を見抜き、語らずして人を動かし、読まずして書の意を汲みとり、座せば眠るがごとく立てば四界を威圧するといった風情になるのです。

さきに述べた経済界の長老というような人は、これに類する人でしょう。しかし、この境地に至るまでには相当年齢もいっていますから、そこからもう一度苦労を重ねて第二の悟りに至るには時間切れです。

ところで禅宗のお坊さんなどは苦労して苦労して悟りの境地を開くのですが、そのへんで満足してしまう。ハッタとひざを打ち、「俺は悟った。苦労を重ねたおかげできょうハタと悟るところがあった。なるほど諸行無常である。苦労して何の因果ぞ、悟ろう悟ろうと思う我は囚われ人であった。今自分は自由、融通無碍、いばらず卑下せず心のおもむくまま、この世に恐れることは何もない」――この悟りを開いたお坊さんの目は澄み、顔は輝き、語る言葉に過ちはなく、人々に感銘を与えます。

しかしこれはまだ小悟なのです。小悟だけでもそれはすばらしく、とうてい俗人の近寄るところではないのですが、小悟は小悟、たいていのお坊さんはこの小悟の段階で自己満足してしまうわけです。

「自分は悟った。すべてわかり切った世界である。なに、酒？　酒もよいではないか、なに、女？　それもよいではないか。良いとか悪いとかにとらわれる必要はない。来るものは拒まず、去るものは追わずじゃ」

俗人の目から見ると、このお坊さんはもちろんものすごい達人に見えます。悩みを訴えると立ちどころに解いてくれます。しかしこのお坊さんがこの小悟の地点で止まっていると、やがて悟ったはずで相手にした女性のしがらみに巻き込まれ、悟ったはずで飲む酒に惑わされ、病気になれば最高の医者をたずね、ガンと宣告されると自殺しかねまじき状況になるのです。

Ⅲ　悟りへの道の教え

ブッダは悟りへの道について詳しく教えています。ブッダが悟ったのち最初に行なった教え、キリストの「山上の垂訓」にたとえられるべきその「四つの偉大なる真理」の教えの中の最後に、悟りへの道、メディテーションについて述べているのです。

メディテーションは悟りへの道の最短コースであり、かつ最重要課題です。しかしこの修行においていちばん重要なのは、そのテクニックではなく心であります。

「人が悟りへの道を進むためのその最短コースはメディテーションである。しかし、それは必ず正しい心によって行なわねばならない」

と言っています。悟りたい悟りたいでいかに艱難苦学をしてもそれはダメ、そこに正しい心がなくてはならないと教えているわけです。

ではその正しい心とは何か。それは一般人（俗人）にとっては五戒です。僧にとってはもっとたくさんあります。しかし少なくとも五戒を守り、正しい心を持たなくては、どのようなメディテーションも価値がないわけです。

大乗の仏教は、この正しい心を横において悟りを開こうとしたのです。五戒を守らず、俗世の欲を我が欲としていかに悟りのために苦労しても、これは残念ながらほんとうの苦労とはいえないのです。

悟りへの道は苦しい。たとえば最初にあげた野球選手の場合でも、悩み悩んで酒を飲み女を抱き、そのくせ練習を人一倍やってもこれはダメ。あらゆる欲望、五感の欲望の抑制、最大は性、次は食、次は意（いいかっこうをしようとする欲、権勢欲、名誉欲）。

そして愛。これは普遍的な愛、ものを傷つけない、ものを殺さない、失望させない、という自分中心でなく、相手中心に宇宙がまわると観る本来の愛。この正しい心のもとにメディテーションをすることによってのみ、さらに高い悟りを得ることになるわけです。

1　悟りへの道、ブッダの教え

小乗の経典の中で、ブッダは悟りへの道を非常に具体的に教えています。この経典の一部がどう伝わったのか、日本では白隠禅師の有名な話があります。

白隠禅師が若くして大病にかかり、いよいよ死の境地に入った時、たまたまブッダのメディテーションの手法の一部を知って山に入り、ひたすらその手法に従ったところ、雲が集まり、山は裂け、さすがの難病も快癒したという話が後世に伝えられています。〝白隠禅師回天の療法〟というもので頭の上に輭蘇《なんそ》を載せ、宇宙の力を徐々に体全体にしみわたらせるという健康法の一つです。

小乗の仏典の中でブッダは悟りへの道について、いろいろの例をあげながら、こういう時はああなる、ああいう時はこうなるというぐあいに、非常に詳しくその時その状況に合わせて説明しています。

これはブッダの第一説法、四つの偉大なる真理の第四、すなわち八正道の最終項のメディテーション（瞑想）の要諦ですが、これについてはのちに詳述することにします。

2　ブッダは何を教えたか

ではいよいよ、ブッダは何を教えたかというお話に入りましょう。

ブッダの教えというものは決してわけのわからない難しい教えではなく、むしろ誰にもわかりやすく、何回も何回も繰り返して説教をしています。

世界の哲学者、仏教学者が一番に認めている原書はパーリ語で書かれたティピタカ原書です。キリスト教の聖書のように、この書物の中にはブッダのしたこと、話したこと、いつどこで誰のために何を言ったかというようなことが書いてあります。

だいたいにおいて、ブッダに関するこういった原書に対して異論を述べる学者はほとんどおりません。ただこれらの説教の一部を取り出して、自分勝手に、しかも自分たちの習慣、慣行あるいは信念で解釈していろいろな宗派が出来、何がなんだかわけがわからなくなってきている事情はさきに説明したとおりです。

ブッダの教えをよりよく理解するために、少し仏教の心、すなわち当時のブッダの心の中はどんなであったか考えてみましょう。

3 仏教は信仰心を必要としない

現世の宗教――キリスト教、ヒンズー教、イスラム教、あるいは数えられないほどの原始宗教の中で、仏教だけは信仰を必要としないのです。いかなる宗教の教祖も皆、神か神の生まれ変わりか、または神に精神を吹き込まれた絶対のもので、信者はその神や教えに絶対の信仰を持たねばなりません。信仰することこそが信者であるゆえんです。「信ぜよ、さらば救われん」です。

ところがブッダは、自分を信仰せよとは言っておりません。自分が神だとか神の生まれ変わりだとか言ったことも一度もありません。それどころか、何かを唯一信仰することこそもっとも危険な心のとらわれ、執着だと教えています。

ブッダは言いました。

「自分が自分を護るんだ。誰があなたを護ってくれるのか。他人にそれを求めてもただ無駄のみである」

ブッダは自分に救いを求めてくる人々に向かって説教し、元気を出させ、自分自身を向上させるように気をしっかり持たせ、人間というものはその人自身が努力し知恵を出し正しく行なえば、すべての苦悩から自分で脱却できるということを教えたのです。

ある時ブッダは、コーサラ王国のケサプタという小さな村に行きました。ブッダが来たというので村民が集まり、次のような質問をしました。

「ここには何人かの聖者がおり、それぞれが自分の教義を説き、他の教義をくさしています。それぞれの聖者はすばらしい人たちですが、我々はいったい誰の教えが正しいのか迷ってしまい困っています。正しい人（ブッダ）よ、どうか誰を信じてよいのか教えてください」

ブッダは言いました。

「村人たちよ、あなた方が迷ってしまうのは無理もない。しかしどのような教えにも、しきたりにも、論理にも、身を寄せてはならない。またはこの人こそわが教主と考えてもいけない。あなた方が自分で目を開いて、その中で良くない、理解できないと思うものは捨てなさい。そしてその中で、これは良い、理解できると思うものがあればそれを取り、それに従いなさい」

ブッダはさらにつけ加えて、ブッダ自身の教えに対しても十分に検討を加え、その教えの真の価値を見出した時その教えに従いなさいと言いました。

4　仏教と罪と罰

通常、宗教には罪と罰の観念があります。罪とは神に対する罪、神の教えに対する罪です。罰とは罪を犯した者に対する、神より与えられる制裁です。キリスト教を信じなかった人類に対する最後の審判です。

しかしブッダの教えにはキリスト教的な罪という考えはありません。昔話によくある、えらい上人様に施し物を与えなかったために罰を受ける話とか、あるいはカチカチ山の悪じじいのたぐいの話は、後世に説教用に作られたもので、ブッダの教えではないのです。

なぜ仏教に罪と罰がないのか。それは仏教には人を裁く神が存在しないからです。では悪人はどうなっているのか。悪とは何か。ブッダは、悪とは無知であると教えました。無知のゆえに迷い、罪を犯す。その無知を取り除き、正しい見方を知ることを教えるのがブッダの教えであるわけです。

「私はこれを信頼します、あるいは信仰します」というのは、その人がそれを正しく見、かつ理解したというのとは程遠いのです。

ブッダは死の直前まで、このポイントを繰り返し弟子たちに理解させようとしました。死の床からブッダは弟子たちに向かって、

「さあ、私の教えについてまだ何か迷いがあれば遠慮なく尋ねなさい。もう時が少ない」と言いました。しかし誰もが黙ってしまって何も質問しようとしませんでした。その時ブッダはさらに言いました。

「もしお前たちが自分の師を恐れる（死の床の師に質問するのを恐れる）あまり質問で

きないのなら、誰か友達を呼んできて遠慮なく質問しなさい」

ブッダは信仰を求めない、それよりむしろ自由な考え方、とらわれない思考、それが正しい理解に到達するのだと教えたのです。

5　ブッダのナーランダでの教え

ナーランダという町にウパーリという金持ちの信仰家がいました。彼はマハービーラという聖者の熱心な信者であったのですが、ブッダが町に来たというのでさっそく出かけました。自分の師マハービーラの説と違うところを質したかったのです。

ちなみにマハービーラはジャイナ教の宗祖で、ブッダより少し年長でした。
二、三の質問のあとウパーリは、ブッダの英知と慈悲に感動し、ただちに入門させてほしいと願い出ました。しかしブッダは言いました。
「よく考えなさい。あなたなら十分考えたうえで正しい結論が出せるから」

だがウパーリは再度入門を懇願しました。そこでブッダは、

「もしあなたが私の教えを信じるなら、あなたの老師を今までどおり尊敬し、かつ援助してあげてください」

と言いました。ブッダは彼を見捨てたのでしょうか。いや、ブッダは、ウパーリが老いた師を助け、そして十分悟りの境地に到達できると見抜いたのです。正しい眼は千里を見

ます。悟った人はすべてを理解します。そして同時に、人間の悩みを解くもっとも容易で正しい方法を教えることができるわけです。

紀元前三世紀に、仏教興隆に力を尽くしたインドのアショカ王が岩に刻んで今も残っている有名な碑文も、たぶんこのブッダの故事に基づいているのでしょう。

「人は決して自分自身の宗教のみを信じ他の教えを誹謗してはならない。むしろ他の宗教のいいところを見出す努力をすべきであろう。そうすることにより、さらに自分の宗教に磨きをかけることができるのだ。自分の宗教のみを信じ他を誹謗し、わが宗教の栄光を夢見る者は、その反対に自分の宗教を甚《はなは》だしく傷つける結果となる。されば皆の者よ、他宗の教義にも耳をかそう。心から」

これは仏教の大切な一面、寛容と慈愛と理解の精神であり、これこそ以後二五〇〇年間の仏教布教の歴史において、一度の宗教戦争もなく、アジア大陸で平和のうちに仏教が広がっていった理由です。他教から見れば不思議とさえいえる寛容・慈悲の実証であるわけです。

こういうことからしばしば仏教は、宗教か哲学かといわれることがあります。ブッダの英知は二五〇〇年後のこの質問を予想し、次のごとく答えています。

「その花の名は何。我々はそれをバラと呼ぶ。しかし名は何であってもそれはなお甘く匂い美しい。仏教を宗教というも可、哲学というも可、仏教はその名を超越して人に幸福を伝えるものなのです」

6　ブッダと筏の教え

人間というものは迷いの深いものです。教えられても教えられても彼の岸になかなか到達できないのです。ブッダはこういう人たちの迷いを聞くごとに言いました。

「信じるな。信じるということは固執することだ。目を開きなさい。真理を悟りなさい。自分の目で正しく物を見なさい。私はその方法を教えるだけで、実行するのはあなたです。いくら努力してもその方向が違っていたら、山に登るはずが谷に落ちるでしょう。正しい方向へ正しい努力をすれば、誰でもが苦悩から解放され安定を得るのです」

ここで有名なブッダの筏《いかだ》の教えを紹介しましょう。

ある時、大勢の宗教家が集まり、ブッダに質問が集中しました。そのうちの一人、カパーシカは次のようにたずねました。

「偉大なる目覚めた人（覚者＝ブッダ）よ。あらゆる聖なる教えを読み解きついに結論を得て、それこそ真実だ、それ以外はすべて虚偽であると喝破した人に、あなたは何と言いますか」

ブッダが、

「このたくさんいる聖者の中で誰か一人でも、それだけが真実だ、ほかは虚偽だと言い切れる人がいるだろうか」

と問うと、カパシーカは率直な性格だったので、

「それは不可能だと思います」

と答えました。ブッダはさらに、

「それでは七代にわたって最高を極めた教祖中の教祖なら、これのみが真実でほかは虚偽だと言い切れるだろうか」

と問いました。カパシーカは思わず、

「いいえ」

と答えました。そこでブッダは、

「どんな人であっても、その人が賢ければ賢いほど、これのみが真実でほかは虚偽だと言い切ることはできないのだよ」

と言ったあと、ブッダは筏の教えを述べます。

人間が信念を持つこと、それはある意味ではその信念にとらわれてしまったともいえます。次の前進がなくなってしまうわけです。信念というものはもともと、彼がそれを信じることが好きだからではないでしょうか。彼の好みに合っているのです。好みが好みのうちなら他人に迷惑はかけません。しかしこれが自分の信念だと信じてしまうと、ある時は反対者を殺し、ある時は自ら命を捨てることになるかもしれません。この事情をブッダは

筏にたとえました。

――大きな川のこちらは暑く苦しく食べる物はなく、恐ろしい猛獣の哭き声が聞こえます。一方、川の向こうは花が咲き、人々は水浴し緑があふれ小鳥がさえずっています。しかし川は広く流れは早く、見渡しても渡し舟はありません。だがどうしても渡りたい。

そこでこの人は丸太を集め草を編み、苦労しながら筏を作りました。手を痛め、額から汗が吹き出ています。しかし彼はその筏で無事に彼の岸に到着しました。

「ああなんと幸福なことか。手を痛め額に汗して努力したおかげでこの筏が出来、やっと此の岸にたどり着いた。なんと美しい所だろう。だがこの筏をどうしよう。私をこんな幸福に導いてくれた筏を見捨てるわけにはいかない。私はこの筏を大切にしよう。そうだ、私は一生この筏を背に負って暮らすことにしよう」

彼はこうつぶやいて筏を背負い、歩きはじめました――。

皆さんはこの逸話をどう受け取りますか。半分の方はたぶん、こいつはえらい奴だ、筏の恩をいつまでも忘れないとは、と思われるでしょう。あるいは、バカな奴だ、筏を背負って歩くなんて、と考えられるでしょう。

私も長い間この逸話の意味がよくわかりませんでした。それはこの逸話だけ聞いて、ブッダの次の言葉を知らなかったからです。ブッダは言いました。

「おお、道を求める人たちよ。あなた方はこの教えを何と解くか。私の教えはこの筏である。筏は川を渡るためにのみ有用であり、筏そのものが大切なのではない。私の教えはあなた方を安全で平和な、悩みから解放された静寂の世界、すなわち悟りの世界に導くためにあって、それに固執し、教えを背に乗せ苦労するためにあるのではない。私は導く者であり、あなた方は自分の努力によって自ら悟る以外にはないのである」

これから述べる〝ブッダは何を教えたか〟は、じつにこの悟りへの道を、どうすればいちばんたやすく苦労することなく、他人を幸福にしつつ自分の悩みも解消し、平和と幸福感の中に達成できるかを教えているのです。

Ⅳ　四つの偉大なる真理〝四聖道〟

1　四聖道の一番目・煩悩（または苦悩）

これからは少し難しくなります。しかし、ここまでこの本を読んでブッダの考えの一端に触れられた方には理解できないことはありません。その理由は、ブッダはあくまで実生活の経験に照らしながら平明に説教しているからです。

四つの偉大なる真理は、ブッダが大悟して最初に、五人の同朋のために与えた第一説教の中心的課題をなすものです。

四つの真理とは①煩悩、②煩悩の起源、③煩悩の停止、④煩悩の停止への道――の四つです。今〝煩悩（または苦悩）〟といいましたが、原語では〝ドゥッカ（duḥkha）〟といい、キリスト教では人間の原罪といい、アダムとイブが知恵の木の実を食べた時から始まる人間の苦しみ、疑い、嫉妬、欲望、その他もろもろの人間として生まれたがゆえに持たねばならぬ苦しみです。このドゥッカは英語では一般に〝苦悩〟と訳されていますが、一部の宗教学者の中には適語がないとして英訳せず、そのままドゥッカとして通用させている場合も多いようです。

それでは最初の真理〝ドゥッカ〟とは何か。ブッダはこれを次のように説明しました。

このドゥッカを知ることにより、第二項ドゥッカの起源を知り、ドゥッカの停止もその方法も知ることができます。したがって、このドゥッカの定義は大切です。とくに欧米人で仏教を学ぶ人たちにはたいへん難しい観念のようです。しかし幸い仏教国の日本人にとってはなんとか理解できそうです。

ドゥッカとは、人間の人間としての現象であるすべてです。ブッダはこれを徹底的に分析しました。

一つは人間の持つ煩悩です。生まれること、病むこと、老いること、そして死（生病老死)、これがドゥッカです。さらに変化にさらされるドゥッカ、幸福が不幸になり、富が貧になり、ある日突然、事故に直撃されるドゥッカです。またさらに、外界と対立するドゥッカです。

この外界に対立する人間のドゥッカは、まず目・耳・鼻・口、それと体が作用します。この五つの要素のため人間は、喜び、悲しみ、あらゆるドゥッカの洗礼を受けるわけです。すなわち物を見ること、音、におい、味、さらに体感となって、外界と接触します。しかもそれらは常に感情を呼び起こします。その感情とは、目で見ることによる感情、音による、鼻による、舌による、さらに心による感情です。ブッダの教えではこの心は、五感の次の第六感(心)として他を総合するものではなく、一器官としてとらえます。心の他の器官と同じように、他界と接触することにより感じ、変化し、成長するのです。関係を訓練することにより成長するごとく、心も訓練することにより変化し成長します。

ブッダは何を言おうとしているのか——それはすなわち、人間というものはしょせん、今あげた五つの物体、目・耳・鼻・口と肉体、それに心を加えた六つの物の集合体であり、その一つ一つがそれぞれ内部で反応し、かつ外界と反応し、今あるあなたを作り上げている。意欲、意志、決断、自信、集中、知恵、エネルギー、希望、嫌悪、無知、欺瞞、自己認識、こういった一見メンタルにみえることも、突き詰めればすべてこの六体感と外界との接触の中に生まれるものにすぎない。少し難しく言うと、

「単なる苦悩というものは実在する
しかし苦悩する人は見えない
行為の結果は確かめられる
しかし行為者は見えない」

ということです。

だんだん難しくなりました。しかしもう少し辛抱してください。ブッダはあなたに、あなたの五体からあなたのマインド（心）を含めて、離脱させようとして説教を進めているのです。

2　四聖道の二番目・煩悩の発生

四聖道の第一番目は人間というものの存在の解明でした。いや人間だけではなく、これは動物植物を含むあらゆる生物および自然界のあらゆる現象にも適用されます。

煩悩ドゥッカと、さらに人間の善行悪行を含めたすべての行為、その行為の結果生じる「カーマ」（karman＝業）の二つが四聖道の第二の中心課題になるわけです。

すべての人間の苦しみはこのドゥッカから発生します。食べたい、もっとおいしいものを食べたい、お金が欲しい、もっとたくさん欲しい、有名になりたい、もっともっと有名になりたい――そう人間が思えば思うほどその人は不幸になります。欲望には際限がないからです。

一方、お金を貯めすぎた人は、毎日おいしいものを食べすぎて病気になります。また子供たちがぜいたくになりすぎて仕事を忘れ、家庭での争いが絶えません。兄弟がお金のために大ゲンカをすることになります。まことに世の中はうまくいかないものです。すべてこれらの原因は欲望というもの、いくら充たしても満足することのない欲望というものにあるのです。

ではこの煩悩といいますか、もっと強い言葉で言えば欲望というものはどうして発生するのでしょう。

ブッダはこの欲望を三つに分析しました。一番目はさきほど言いました関係的・感覚的・精神的な欲望です。二番目は存在と再生（生まれ変わること）に対する欲望です。三番目はその欲望から解脱したいという欲望です。

ブッダはしかし、欲望が悪であるとは言っていません。生物がこの世に存在する限り欲望は存在するのです。これは悲しい宿業《しゅくごう》です。

だが悪行というものはあるのです。悪い行為を重ねると悪い結果が生まれます。良い行為を重ねると良い結果が生まれます。これが因果応報で、それはそのもの自体が起こす自然の法則です。

ブッディズム（仏教）には、他宗教の教える〝神〟は存在しないのです。神の存在するところには罪があり罰があります。神の意に背く者は罪人であり、その善悪を決めるのは神であり、神は導師であると同時に刑吏でもあります。神の意志、教会の意志によって善悪が決まるとすれば、その意志にそわない者、すなわち悪人とは戦わなければなりません。宗教戦争は西欧の歴史を作りましたが、東欧が解放された今でも到る所で宗教戦争が起こっています。

仏教では裁く神はいません。裁くのも裁かれるのも自分自身です。自分のした行為が結果として自分に戻ってくるだけの話です。

欲望（ドゥッカ）は、外界に影響されて発生するのではなく、欲望そのものの中に発生の起源があるのです。限りない流転と因果の中に欲望は発生して成長し、相互に関連します。そしてこれは大切なことですが、この欲望の消滅、欲望からの解脱も、この欲望の中に見出せるのです。

カーマは、このドゥッカから起こされる行為のことです。これは決して悪行だけではありません。悪行もあり善行もあります。そして起こる因果応報がカーマです。

3　四聖道の三番目・欲望からの解脱

人間を構成する五つの要素、その要素のために起こる欲望、欲望とともに始まるいろいろな行為、その織りなす因果が縦横に絡んで、喜んだり悲しんだり、またたいていの場合苦しみます。人間をこの悩みから解放し、正しい悟りの境地に導くのがブッダの教えです。

この欲望から解放された状態をパーリ経典では「ニバーナ（nibāna）」と言います。サンスクリットでは「ニルヴァーナ（nirvāna）」、漢訳では「涅槃」となっています。

ブッダはここですばらしいことを言いました。

「人間がこれら欲望から解放されるのは導師の教えでもなく信仰でもなく、その人間自身の努力でありその人間の英知である。人間がドゥッカによって縛られている最大の原因は、その人の無知からである。無知とは知識に対する無知ではなく、ちょうど象の足とか鼻とか尻尾だけにさわって象を理解したと思い違うような、根本的な無知である。この無知から人を解放するものは英知であり、それは物事をありのままに見、ありのままに理解する英知である」

このブッダの第三の聖なる教え「ニバーナ」について、当時弟子たちがいろいろと質問した内容がパーリ経典にたくさん出てきます。ブッダはいつもその時その場所その人に対していちばん適切な説教をしましたが、残念ながら文字に書きしるされたのは何百年もあとであり、弟子たちの記憶にたよって書かれているので、現在読み通してわかりにくいところもあります。これはお経が難しいといわれる原因でもあり、またいろいろな解釈が出て諸宗派に分かれていく原因にもなっています。しかし素直に読めばブッダの教えはただ一つだということがわかります。

ブッダは言いました。

「おお、比丘《びく》(＝出家者)たちよ。ニバーナとは欲望からの絶対的な解放である。それはまた、憎むことを忘れることであり、またあらゆる幻想の追放である」

また、こうも言っています。

「おお比丘たちよ。固いもの、流れるもの、インドの暑さ、物体の動こうとする意志は全部、無となる。長さも広がりも、目に見えないほど小さなものも山のように大きなものも、善も悪も、名前のついているものも形のあるものも、すべて無となる。この世の中においても他の世界においても、これから来るものも今あるものも、生も死も、感じ得るものさえ今ははや無となる」

《仏教の〝無〟について》

無の思想について我々日本人はある程度の理解があります。大乗仏教でも無の思想は中心課題です。我々にとっていちばんポピュラーな「般若心経」というお経が、なぜありがたいかというと、無について語っているからで、〝色即是空〟とか〝無想行識〟とか、盛んに無についての言葉がこのお経の中にちりばめられています。

我々日本人と違い、お経になじみのない西欧人にとって、この無という概念はたいへん理解しにくいようです。なんといっても西欧の近代思想は自我の発見に始まっているのですから、無の思想は自己否定につながり、彼らの親しんだ思想と根本的に対立する考えのように思われがちです。

しかしブッダの教えた無の思想はそういう自己否定とは違います。また大乗の仏徒が学んだ無の思想とも少し違っています。ブッダの教えは決して自己の否定による無の達成ではありません。いやむしろ自己の完成による無への到達であります。

このニバーナに関連してブッダの好んだ言葉は「絶対的な真実」という言葉です。世の中のすべての悪は主として無知に起因している。この世の真実を正しい行為と正しい目を持ってあるがままに見ることが英知である。そこに事物の流転、無情のありさま、その原因結果が理解され、それが理解されることの中にあらゆる欲望、嫉妬、悪夢からの解放が約束される——と説かれているわけです。

では〝無〟とは何か。無の極限はあるいは有であるのかもしれません。すべての執着から解放された時、それはすばらしい世界が示現されます。

太陽は慈愛の光でこの世を照らし、木の葉は日陰を作って人々を憩わせ、そよ風はあなたの頬をやさしくなでます。なんということだろう、今まで自分を苦しめていたこの世の中の森羅万象が、今、打って変わって自分をやさしく包んでいるのです。あらゆる執着からの解放……そこに待っていた自由の世界。自由——あらゆることからの解放、欲望からも執着からも嫉妬からも解放された自由——その時、人は自分の周りを改めて見直し、この世界のすばらしさをほんとうに体得することができるわけです。

してみると、ブッディズムでいう無の極限は、むしろほんとうの有であるかもしれません。ここで錯覚する可能性があります。

禅宗の高僧が、無、無、無と色紙や掛軸に書いて信者に売ったり説教していても何もわかっていなかった、ところがある日、努力し苦しんでやっとわかった時、「そうだ、無とは有ではないか。私は悟った。なるほど悟ってみれば無の極致にあって私は有を見た。あるがままに生きる、その心にわだかまることとさえなければ、酒を飲もうが女を抱こうが子供をつくっておもちゃを与えようが、呵々大笑、いいではないか。これ真に大自然の法則である」と早とちりしてしまうわけです。これはニバーナの境地とは百万千万里も離れています。悟りの小学生課程です。あと越えねばならぬことが、次から次へと連なっています。中学・高校・大学・大学院、それからあとに社会においてのいっそうの人生勉強がまだ残っています。

最後にニバーナについてブッダが教えた話の一つを紹介しましょう。


ニバーナすなわち、「ドゥッカを断ち切ること」に成功した人は、その心は幸福に満ちあふれる。過去を悔やまず、未来を憂うることはない。自己愛、猜疑心、無知、それによって起こる怒り、不満をもはや持つことはない。それらからすべて解放された人は純粋な心を持つがゆえに、物事を正しく見、かつ立ちどころに理解する。その人の愛は終わりなき普遍の愛であり、慈愛は限りなく、同情とやさしさに満ち、その上に他人の心を大切にし、なおかつ何にもまさる辛抱の心を持っているのだ。彼が他人のために尽くすのは自分の意欲からではなく、太陽のような自然の愛からである。

では、このようなすばらしい世界に現世の人間がどうして入ることができるのでしょうか。ブッダは言いました。

「励み努めよ。美しい心で自分を高め、精神を高揚させよ。ニバーナへの道は拓けている」

ブッダはただ高尚な真理を哲学者に披露したのではなく、この悟りへの道を具体的に弟子たちに教えました。これが次に説かれるニバーナへの道＝具体的な方法論＝です。

4　四聖道の四番目・悟りへの道

いよいよ最終項、ブッダの教えの悟りへの道です。これはイエスの〝山上の垂訓〟と同様、ブッダが悟りを開いた直後、かつての同朋であった五人の出家者のために行なった説教で、パーリおよびサンスクリットの経典には形を変えて何度も繰り返し出てきます。

この教えをもし日本の仏僧がそのかけらでも知っていたなら、あれほど悩むこともなかったろうに、そのいちばんの犠牲者は前にも申しましたようにおそらく法然、親鸞でしょう。法然は高僧のまま過ごしたのでよかったのですが、あわれ親鸞はまじめなだけに、悩み悩んでついに地獄道に落ちます。「地獄は一定のすみかぞかし」（『歎異抄』）自らは地獄道に落ちたとはいえ「南無阿弥陀仏」の六字の名号はその後、縁なき衆生をどれほど救ってきたことか。突き詰めるということはこれほどの価値を生むものなのです。しかし、もしその突き詰め方が正しい方向であったなら、どれほどたくさんの人々を救い出せたかわかりません。ブッダはその正しい方向と方法までじつに詳しく説明しました。

Ⅴ　悟りへの道〝八正道〟

ブッダは自分が開いた悟りへの道を、ありのまま弟子たちに伝えました。

キリストは三十歳になった時、神の声を聞き、四〇日間荒野にさまよい、神の言葉を自分の言葉としました。したがって、イエスの言葉は父なる神の言葉です。

ブッダは無常を感じて王城を出奔し、六年間あらゆる苦行をした末に言いました。

「私の最初に経験した幸福は自己欲の限りない追求であった。数千の美女、絶えることのない美酒と接待。これはふつうの人間なら一生かかって得ようとする幸福である。しかしそれをいかに極めても、残されたものは虚無感と絶望でしかなかった。

次に私が経験したことは、肉体への限りない苦しめであった。食を断ち、木に吊り下がり、水に潜り息を詰め、死に直面して何かを得ようとした。しかしこれはただ肉体を傷め活力を減じるだけで、前進するものではなく後退であった。

今私は、私が悟りに達した道程をそのまま皆さんにお伝えしよう。それは極端を排除した中道の道であり、これを〝八正道〟と呼ぶ」

1 八正道の主眼目

ブッダは、当時インドで求道者たちがたくさんの流派に分かれながらそれぞれ自己を主張して実行していた苦行を廃して、中道を提唱し、これを八正道と名づけて具体的な悟りへの道を教えました。これは当時としてはまったく革新的な、なにびとにも理解でき、実行できる方法であったのです。その八つとは——。

一、正しい理解
二、正しい思想
三、正しい言葉
四、正しい行ない
五、正しい生活

六、正しい努力
七、正しい心
八、正しい瞑想

これら八つの道は、ブッダがまさに菩提樹の下で開眼して以来四五年間、つねに民衆の目にさらされながら自ら実行して、人々に示した彼そのものであったのです。

当時は今と違って人々は宗教心にあふれ、聖者といわれる人たちもたくさんいました。その中には権力と結託し、自分の宗派を広めようとする人もいたでしょう。あるいはヨーガを極め奇跡を行なう聖者もたくさんいたのです。

しかしこの大いなる悟りを開いたブッダに対抗できる人は誰もいませんでした。ブッダは決して徒党を組まず派を作らず、ただ来る者は拒まず去る者は追わず、ピュアに問われるままに人々に答え、請われるままにその地を訪れ、出される食事は誰からであろうと分け隔てなく食べ、最後には猿の肉を食べさせられて（これについては他の獣肉やキノコ料理など諸説がある）腸を病み、死に旅立ちます。

しかし猿の肉も死も、ブッダにとってはわかりきったことなのです。肉体の苦痛はもはやブッダにとって心の憂いではないのです。一番弟子のアーナンダはブッダの衰弱を心配して何度も訪れています。ブッダは言いました。

「アーナンダよ、お前は何を心配しているのだ。私がこの世からいなくなってもお前は何も心配することはない。私は生きていたこの長い間に、お前たちに伝えるべきことはすべて伝えたはずだ。いちばん大切なことは私の言った言葉を思い出し、お前自身が努め励むことだ」

2 第一――正しい理解

八正道の正しい理解とは、事物を正しく理解し得る力です。正しい理解とはどんなことでしょう。もし国家間の理解が間違っていたら、これはまさしく戦争になります。企業の間でももちろんそうですし、個人個人の間でもケンカが起こるでしょう。家庭の中で正しい理解が行なわれなければ終始いざこざが起こります。

夫の服に香水の匂いがついていたといって、台所の皿を投げて壊してしまい、あとで残念がる奥様もいますが、これなどどうでしょう。物事を正しく理解する能力があればこんな問題は事件にならずに収まるはずです。もし夫がほんとうに浮気をして好きな女をつくっていたとしたらどうでしょう。正しい理解をする人は立ちどころにそれを見抜き、正しい解決法を見出します。決して皿を投げて壊したりしません。こんないさかいは日常顔を見合わせている家族の中でさえ起こることです。まして他人が相手では、正しい理解ができずに、どのような迷惑をかけるかもしれません。それが大きくは国家間の戦争に広がるのです。

今、この八正道を便宜上、一つずつ説明していますが、じつはこの八つは全部つながっています。相互に関連しているということをお忘れないようにお願いします。ブッダもその説教の中でこの八つの正しい道を、前後左右、絡ませながら教えています。

3　第二――正しい思想

正しい思想とは、ものにとらわれない、すべての既成観念から離脱した、あるがままにものを見ることのできる美しい心から出発する思想です。

これは宇宙の原理です。自然の法則です。正しいがゆえに歪んでいないのです。世の中の正と邪を、正しい思想は一目で区別できます。なぜならば正しい思想には私欲がないからです。

長い世界の歴史の中で、たくさんの思想家がそれぞれ自分の哲学を披露して世に問いました。ソクラテス、カント、ニーチェ、ヘーゲル、マルクスからハイエクまで……しかしどの思想も、一時はもてはやされても時代の推移とともに古カビのように消えていきます。なぜでしょう。彼らは少なくともまじめで真剣であったことは間違いないでしょうが、ただその時その時の時代の極致に生きた生き証人の言葉であって、世の中が流転し変化し、その上また変化していくという、宇宙の摂理を理解できなかったために、やがて古カビになっていくわけです。

　では正しい思想とは何か。これは自由の世界、自由の思想、こだわりない考えであり、宇宙の中の自分、宇宙の法則を自分の法則として考える時、正しい思想は生まれます。

　こんなことを突然言っても、何のことかわかりませんが、さしあたり、正しい思想を持とうという意志を持つだけで十分なのです。あとの方法はこの八正道の最後に説明が出てきます。この思想を得た人はじつに強い人です。千万人といえども我行かん、というほどの力を得ます。なぜならば、正しい思想を完全に持った人、これはいわば悟った人ですが、相手が正しければ良く、間違っておれば立ちどころにわかりますから、少しも怯《ひる》むことがないわけです。ただし、この正しい思想を持つために、この八正道のそれぞれを完成していかなければなりません。

4　第三——正しい言葉

　では三番目の〝正しい言葉〟についてお話ししましょう。人間にとって言葉は大切です。人間が他の動物と区別され、その霊長になったのは、言葉によることは当然です。しかしこの言葉は薬であり毒であり、ある時は人を生かし、ある時は人を殺します。

　今から二五〇〇年前のインドの社会で、ブッダが正しい言葉を使いなさいと教えたのは、いったいどういうことだったのでしょうか。言葉はそれほど大切なのでしょうか。ブッダの選んだ八つの正しい道の中に言葉という項目があるのは、当時の社会ではじつにユニークだと思いませんか。

しかしブッダは言いました。

「正しい言葉をしゃべれる人は正しい人である。美しい言葉により、良い因果が生まれ、悪しき言葉からは悪しき因果が生まれる。人々よ、言葉を選びなさい。汚染された、怒りに満ちた悪意の言葉は人を傷つけ、自分を陥れる」

5　第四——正しい行ない

なぜ崇高な悟りに達するために、毎日の日常生活において正しい行ないが必要なのでしょうか。

比叡山には有名な〝千日回峰〟という苦行があります。それぞれまじめに悟りを求めて集まった修行僧の中でも、我こそはと思う者のみがこの修行に挑戦します。それこそ命がけだそうです。ほとんど飲まず食わずで峰から峰の関所を詣で、一日も休まずに勤めます。これを達成した時は生き仏として、同僚にも先輩にも尊敬されるそうです。もちろんすばらしい行に違いはありません。これに挑戦するためには命がけに違いありません。そして人間は極限の状態で悟りを開くことはもちろんあります。しかし三十六峰をただ肉体を消耗させて走り回ることと悟りとは、少なくともあまり関係はなさそうです。まず第一に、その苦行を志願する動機が果たして悟りを得るためなのか、それを完了したあとの立身のためなのか、そのお坊様には非常に失礼ながら少し不分明なところがあるわけです。

ブッダの教えた八正道の第四番目の〝正しい行ない〟とは、このような極端な行為ではないのです。どのような熱意から発した行為でも、ブッダは極端を排除します。なにも力むことはない、ふつうでよいのです。しかしこれは正しい行為でなければなりません。ブッダが教えた、仏徒の最低限度守らなければならない戒律、戒律というより生活基準といったほうがよいかもしれませんが、それは、

①嘘をつかない
②生きものを殺さない
③酒を飲まない
④色に迷わない
⑤盗みを働かない

という五つでした。

膨大な仏教経典をみると、ブッダはたいへんなおしゃべり人間と思われるかもしれません。

　ブッダが自ら積極的に人々に語った言葉は、我々が知る限りでは、四聖道（四つの偉大なる真理）と八正道の教えです。ブッダが人々に、自分が得た知識を伝えようとして伝道の旅に出たあとは、その言葉のほとんどは人々からの質問に対する答えとなっています。パーリ原書の仏典のほとんどの教義は、誰かの質問に答えてブッダが「おお、アーナンダよ……おお、比丘たちよ……」と話しています。それもできるだけわかりやすい言葉で、しかも格調高く抑揚に満ち、相手が理解できるようにやさしく話しかけています。

　ブッダは言いました。

「沈黙は人間の美徳の中に数えられる一つである。もしできることならば生涯語らず、思いを心に満たすがよい」

　ブッダは、前兆とか予言とかいった迷信めいた言葉を一切排除します。ブッダは信仰するとか信心することまで否定します。信仰とは他人《ひと》だのみです。自分は何もせず、ただ神に念ずれば救われる……「信じよ、しからば救われん」というパウロの言葉と同じです。親鸞の到達した世界もそうでした。ひたすら〝なむあみだぶつ〟を唱えれば、慈悲ある仏はお前を救ってくれるというものです。

　これも決して否定はしません。どうにもならない悩める人間にとっては〝イワシの頭も信心から〟です。おまけに「般若心経」を唱え南無阿弥陀仏をつつしんで唱えれば、しないよりもしたほうがよいに決まっています。しかしブッダはこういった他人《ひと》だのみの信仰には一切加担していません。ブッダには奇蹟はないのです。自分自身が何の努力もせずに、ただ神だのみで物事がうまくいくなどという考えは、ブッダの教えにありません。しかしブッダは数多くの奇蹟を行ないました。悟った人にはこれはたやすくできるのです。また奇蹟は、絶大なエネルギーの集積から発散する力ですから、相当の達人ならば面を合わせた瞬間に相手の力を理解します。

6　ブッダと奇蹟

新約にも旧約にも『聖書』の中には、聖者が行なった奇蹟が数多く書かれています。神は、神であることを示すために、民衆ができない奇蹟で実証しなければならないのです。あの時代、これができなければ誰もその人を信じなかった、逆にいうと、あの当時は手を触れるだけである程度病を治せる人が結構たくさんいたのです。ただ、それがどの程度強力であるかがポイントでした。キリストの奇蹟はさすがに当時でも、なにびとも及び難いすばらしいものであったのです。

ではブッダの場合はどうでしょう。ブッダは伝道にあたり、二つの敵と戦わねばなりませんでした。一つは哲学・宗教論争で向かってくる敵です。もう一つは奇蹟の実行、すなわち肉体行動で優秀性を民衆の前で実証しようとするグループです。

第一のグループに対しては、ブッダは価値ある相手と思った時はていねいに対応しました。その言行録は経典に残っています。第二のグループには力で対抗しました。彼らのほとんどはブッダと一対一で会った瞬間、眼と眼を見合わせた瞬間に、自分のいたらざるを恥じて引き下がっていくのです。したがって、キリストの奇蹟については多くの記録が聖書にあるのにかかわらず、ブッダの伝説には奇蹟の叙述は多くありません。ブッダはむしろ奇蹟を排斥しました。

奇蹟、前兆、予言、呪術、これらはブッダがもっとも排斥した思想です。それではお経の話によく出てくる幽霊とか地獄というのは、仏教の原典にも出ているのでしょうか。ブッダがこういうことを、どこかで人々に教えたのでしょうか。じつはまったく異なるのです。

ブッダは死後の世界、地獄、極楽などについて一言も言及したことはありません。これらは皆、後世の仏導師たちが民衆にわかりやすいように、たとえばなしを作って教本にしたのです。

大切なのは過去ではなく未来でもなく、一瞬ずつ流れている〝今〟なのであります。今、自分が生きている、この瞬間を大切にしなければなりません。この瞬間こそ、自分が自分であるということを確認できる一刻一刻であります。過去を思い出して怨み腹を立てたり、悔み歎くことはなく、また未来を思い量って心配し、憂え、失望することはありません。そんな暇があれば、今の一瞬を大切にすることが肝心なのであります。

7　第五——正しい生活

八正道の第五、正しい生活というのはもっとも理解されやすいカテゴリーの教えだと思います。もちろん我々小市民にとってはいちばん行ない難いことかもしれませんが。

今でこそ我々の生活態度は昔に比べて、ずいぶんとくずれていると思う毎日ですが、二五〇〇年前にブッダが、正しい生活を八正道の第五番目に提唱したというのは大変なことであったと思います。ただし、ほぼ同じ時代に中国では孔子が『論語』(これも弟子たちが編んだものですが)において、〝仁〟を説いていました。この仁の考えは、ブッダの教える〝正しい生活〟にほぼ対応しているようです。曰《いわ》く「言葉が多く巧みに飾るものは仁が少ない」、口の上手な者の軽薄さを指摘しています。

孔子の教えはどちらかというと社会教訓で、ブッダの教えは心の浄化ですから少しニュアンスは違いますが、ともに同時代の聖人ゆえに数々の教訓を残しました。

ただブッダが非常に大切だと言っていることは、正しい日常生活は、人間がニバーナに到達するための必須条件だということです。これは大変なことです。ブッダの教えていることは、正しい心を持った日常の正しい生活——他人を陥れず、嘘をつかず、悪い商品を売らず、人を助け、人に感謝される生活を送ること——これらが悟りを開くための重要なステップであると強調されているのです。

8　第六――正しい努力

これもたいへんわかりやすいテーマですが、非常に大切です。

ブッダのような聡明な人でも努力に努力を重ね、それが無用な努力であったことに気がつくまで六年もかかりました。どんなに努力してもそれが正しい努力でない時は、効果が出るまでたいへんです。碁会所に行くと朝から晩まで碁を打っている主《ぬし》みたいな人が、二、三人いるものです。ところが不思議なことに、こういった人たちほど上達しないのです。皆、碁敵に負けないよう少しでも強くなりたいと思ってはいるはずなのですが。

ところがよく見ると、こういった人たちはえてして自分より弱い人を相手にしたがります。弱いのを選んで勝っては喜んでいる、非常に平和的なのですが、相手が自分より弱いのですから、自分より良い手を打つわけがない、また自分が少し悪い手を打っても無理が通ってしまう、まあこんなものかと自己満足しながら碁をしますから上達しない。碁が強くなりたいなら自分より三目くらい強い人と打つのがいちばん良いといわれています。同じ努力するにも正しい方法論を見つけなければいけません。受験勉強でも同じです。一日中机にかじりついてガリ勉したらよいものではありません。東大京大にパスするのも、決してその人の頭脳の良し悪しではなく勉強の仕方です。まず、良い参考書に出会うことです。名著といわれる参考書でも自分に合ったものでないと無駄な時間を失うことになります。受験塾は受験のプロの先生方が勉強のためのよい方法論を持って指導するから効果があるのです。ブッダは悟りに近づくためにもすばらしい方法論を人々に教えます。それは「第八――正しい瞑想」で御紹介しますが、正しい努力をすれば回り道の努力を何回重ねるよりも、ずっと容易にまっすぐに目的に近づくことができるのであります。

9 第七――正しい心

正しい心とは率直な、他から歪められることなく自らも歪めることのないまっすぐな心です。まっすぐな心は物事をありのままに見ることができます。心にこだわりがあれば、また心に執着があれば、見るものはみな歪んで見えます。歪んで見えるから腹が立ち、悩みます。

正しい心に映る世界は驚きの世界です。目に映るものはすべて新鮮で驚きです。

前に比叡山の千日回峰行について少し書きました。これは僧の行の中でも苦行中の苦行として知られていますが、願を立てた僧侶が、比叡山の峰々谷々二百六十カ所を毎日、登り降り三〇キロも読経・礼拝して回り、七〇〇日を過ぎたころに九日間の断食・断水・断眠・不臥の行を満たして中根満。さらに大行満のためあと三〇〇日。最後の一〇〇日は二百六十回峰のほか、洛中洛外の寺社に詣で一日一〇〇キロを踏破して満願するという、気の遠くなりそうな苦行なのですが、これを満願した坊さんの心境はどんなものでしょう。

少なくともその瞬間は、すばらしい満足感と幸福感と安堵の心に満ち満ちたものに違いありません。少なくともこの千日行の間、心に世俗の悩みのつけ入る余地はないはずです。この章でブッダが教えた八正道のうち、正しい言葉、正しい行ない、正しい生活、正しい努力は、守られたというか、それ以外の悪しきことのつけ入る隙はなかったはずです。そしていちずな努力といいちずな行ないは正しい心を作り出したといっていいかもしれません。満願の熟睡から覚めた朝、昇る太陽はどんなに美しく力強く見えたことでしょう。早朝の小鳥のさえずりがいかに快く耳を打つことでしょう。朝一杯の水がこれまでかつて味わったことのない、玉水の味にあふれていることに驚くでしょう。

それは心が冴えているからであり、率直童心に戻っているからです。率直な心に映る森羅万象はすべて驚きであります。率直な心には、地に這うアリの動きにさえ神の意志が聞きとれます。率直な心は善に素直に反応すると同時に、悪を一目で看破します。悪が悪であるということを何の疑念もなく見抜くことができればこそ、悪に対して断固たる行動がとれるわけです。

したがって、正しい心を持つ人は決して優柔不断なやさ男ではありません。善悪が明瞭であればこそ、悪には敢然と立ち向かうことができるのです。

10　奇跡について

キリストは聖母マリアが処女懐胎して生まれましたが、三十歳になるまでふつうの市民でした。当時三十歳といえばもうリッパな大人です。もしキリストに、人に倍する宗教心があればこの年までには何かの事蹟をあげていたかもしれません。しかしキリストは一介の町の大工でした。ところがある日、突然神の声を聞き、家を去って山に入り四〇日間の苦行に向かいます。そして四〇日目に神の子となります。したがってキリストの語る言葉は、すなわち父なる神の言葉です。

キリストは数々の奇蹟を行ないました。「躄《いざり》人よ立て」と言うと、足の不自由な人がすっくと立って、キリストに感謝しました。盲人は眼を開き、嵐は立ちどころに静まり、キリストが渡る時は海も波を立てませんでした。

こういった聖書の記録を読んで皆さんは、これはみんな嘘だと思いますか。私はそうは思いません。当時といいますか、二〇〇〇年、三〇〇〇年前の人間は、我々よりもっともっと神に近かったのです。神の声は身近に聞こえ、聖者たちは容易に神の領域に近づけたのです。彼らにとって奇蹟を行なうことはそれほど大したことではなく、むしろ聖者といわれる者が奇蹟を示さなければ軽蔑されたのです。

ブッダの時代もそうでした。聖者たちがブッダと奇蹟を争うために勝負を挑みました。

しかし勝負は戦う前にわかり、ただただブッダの偉大さを讃え引き退がっていったのです。

当時の人間はこのように純粋でありました。宗教心も強かったのです。しかしそれから何十代もあとの今日、近代文明の物質偏重と、いちばん重大な原因である劣性遺伝のため、人類は一年一年神から遠ざかっていきます。

11　ブッダは争いを好まず

ブッダが争いを好まないことは言うまでもありません。しかしブッダの生きた時代は、たよれるのは自分の力だけしかない世の中でした。争いを挑まれてもたよれる警察力はなく、傷つけられても訴える裁判所もありません。ちょうどアメリカ開拓時代のガンマンのようなものです。あそこに強い奴がいると聞くと、全国からその男を倒してやろうという腕自慢のガンマンが集まってきます。

ブッダもそうでした。ブッダの教えがすばらしいことを聞くと、それを論破しようとする論客が議論をしかけてきます。ブッダの偉大さを聞くと、法力の争いを仕掛けてくる強力衆が集まります。ブッダは彼らを拒まず、いろいろな方法で彼らを論破し一歩もひけを取ることはありません。およそ悟った人は十善の君ですから一目で相手を知り、その意図を看破し、相手の理解できる範囲で対応しますから、相手は恐れおののいてその場にひれ伏すことになります。正しい心を持つ人は、このように強い人だということができます。

12　自己の愛とほんとうの愛

動物の持つ心の動きの中で、愛情というものは大きな部分を占めています。前にも言いましたように、ひなを生み餌を運ぶ母鳥の愛情は見る人に感動を与えます。母鳥は敵に襲われた時、自分の身を犠牲にしてまで子を守ろうとすることさえあります。しかし、これはすべて自己愛の表現なのであります。生きとし生けるものはすべて個体維持と種族保存という二つの本能によって生存しています。そのどちらの一つでも欠陥が出ればその種族は滅びるわけです。

身はガリガリに痩せても必死に巣に餌を運ぶ母鳥は、そうすることによって自己本能を満足させているのです。したがって、子が巣立ったあとはもう自分とは何の関係もありません。自分が産んだ子鳥が餓えて死のうと、鷹に襲われようと、何の感情も起こさないのです。それよりも次の卵を産むために、冬の間しっかりと体を肥やして春のデートと産卵に備えます。

母鳥が必死に巣へ餌を運ぶのは、ひなたちの黄色い大きく開いた嘴《くちばし》と赤い舌、それと可愛い呼び声に、いたたまれない衝動に駆られるのだといわれています。

アメーバから人間に至るまですべてこの世に生けるものは、この二つの本能の下《もと》に支配されます。しかし人間の場合は、知恵の木の実を食べたためにいろいろな要素が付着しました。

たとえば個体維持の第一歩、口から入れる食物にしても、ライオンは動物しか食べられず、牛は地の草しか、キリンは背の高い木の葉しか食べられません。それでそれぞれ満足しているのに、人間は肉を食い葉っぱを食い、土の中のいも、大根を食い、池の中のハスの根まで食べて満ち足りません。

人間の知恵は欲望を限りなく強め、その見かえりに満たされざる悩みをさらに深めます。食べること一つでさえそうですから、これに加えて、聞くもの見えるもの、鼻と皮膚に感じるものがさらに複雑に絡み、そのうえに心の動きが重なります。

金欲・権力欲・名誉欲は心の動きから生まれてくるカーマ（業《ごう》）です。その中でも大きく心の場所を占めるのは愛欲です。人間も動物の一種として、食欲についで大きいのが愛欲です。

ではこの愛欲とほんとうの愛とは、どのように違うのでしょうか。

13　愛とは何か

キリスト教は愛、儒教は仁、仏教は慈悲とよくいわれますが、キリスト教の愛とはどんな愛でしょうか。

「汝、右の頬を打たれれば左の頬を向けよ」「汝の敵を愛せよ」「汝らのうち心に迷わざる者は石もてこの女を打て（心にて姦淫したる者はすなわち姦淫したるなり）」――キリストの教えの中には愛を語った言葉はなるほどたくさんあります。今日、全世界にキリスト教の人たちが伝道に出て行き、あるいはインドでハンセン病に取り組み、タイで孤児院を作り、各地の難民キャンプで奉仕し、困った人たちを助けています。これからみるとキリストの愛は、人道愛といえるかもしれません。

しかし今一つすっきりしない気がするのです。なぜならば、このような大きな愛を持ちながら、一方では他宗教を認めず異教を迫害し、魔女を火焙りにしていますし、同じキリスト教の一派であるプロテスタントの人々は迫害に耐え切れず、ついにメイフラワー号で自国を脱出しています。

キリスト教の愛はなんとなく自己愛に近いような感じがするのです。ちょうど母鳥が自己愛からひなに餌を運んだように……。

とはいえ、キリストの生涯に学び、質実謙虚な生活と徴兵拒否に徹しているシェーカー教徒や一九六五年のカソリック教会の改革などがあり、一概に言ってしまっては、クリスチャンの人々にはたいへん失礼になります。こうした献身的な奉仕はこの聖者たちにとって、実際のところ、貧民そのもののためなのか、それとも自らの信じるキリスト教の信仰の忠実な実現の証しのためなのか、さらに申しますと、それは普遍的な人類愛の発露かそれとも自己愛の完成かということです。

ただしここで申しあげていることは、これらの聖者たちの行為がよろしくないと言っているのではありません。その源がどこにあれ、その行為はそれぞれすばらしい奉仕なのですが、ただ、今は愛の本質を掘り下げるため、またブッダの愛の内容を理解しやすくするために、例を出しているにすぎません。

14　正しい心より生まれる正しい愛

ブッダによれば、人間の心に起こる愛の感情、親兄弟に対する愛、他人に対する愛、男女の愛、子供に対する愛、これらはすべて人間の業《ごう》です。業であるがゆえに因縁・起縁となり、激愛は激情を呼び、流転応報します。これらの愛は自己愛であり愛欲であり、したがって苦となり悩みとなります。ブッダは他の煩悩からの離脱と同様、愛からの解脱を教えました。

西欧の教理では自己中心の愛をエロースと名づけ、相手中心の愛をアガペーという特別な言葉を用いて区別し、前者の愛がしばしば絶対となり、とくに男女の恋は最高に美しいものとされています。愛は美を生み出す原動力となり、数々の名画・名曲・名作を創りました。しかしブッダはこの愛さえも絶対のものではなく、流転し因果応報する人間のカーマの一つであり、解脱されるべきものであると言っているのです。

両親の限りない愛を受けながら、王城を脱け出し修行の旅に出るブッダの心境は、まず第一に愛からの離脱でした。

15　愛憎は紙一重

愛憎は紙一重とよく申します。愛するがゆえに悩み、疑い、嫉妬し、愛はある瞬間に激しい憎しみに取り替えられます。なぜ絶対であるべき美しい愛が次の瞬間に恐ろしい憎しみに変化するのでしょう。なぜならばこれらの愛は、すべて自己愛から出発しているからです。

最近、小さい子供をひざにのせて舐めるように可愛がっている父親の姿をよく見かけます。子供が可愛くて可愛くてしょうがないのです。「お父ちゃんのひざにおいで」と言うと子供は飛んできます。しかしよく見ると、楽しんでいるのは父親のほうで、子供のほうは迷惑そうな顔をしています。父親のひざの上でおとなしくしていると何でも欲しいものを買ってくれそうなので、かしこく妥協しているのです。

こうして大きくなった子供はえてしして甘えん坊でわがままな人間に育ち、親の言うことを聞かず、時には不良化し、親の悩みの種になります。

三人姉妹の場合、長女は親の愛が次々下の子に移っていくのを見て、たいていはしっかりした子に育ちます。中の子はいつも姉のお古を当てがわれ、両親の愛は末の子に集中しますから淋しい思いをし、ある時は両親を怨んで大きくなりますが、不思議なことにこの子がいちばん親孝行をすることになります。年とった両親を病院に訪ね、もっともよく世話をするのがこの子です。

姉は醒めて物を見ますから必要なことは義務としてやりますが、中の子は両親に対する心からの愛情で接します。末の女の子は男と一緒になれば出て行って親のことはほとんど忘れてしまいます。なぜならば、この末の子にとっては親孝行は、盲愛された子供時代にすでに十分し終わっているからです。この子は子供時代に父親の自己愛を十分満足させてやっていることを本能的に知っているのです。代償はすでに支払いずみです。

ブッダは愛を否定するものではありません。しかし、今例にあげました自己愛（もちろんほとんどの愛はこの自己愛ですが）からの解脱を教えています。

ではブッダのいう愛とは何でしょう。それは正しい心から生まれる愛であり、正しい心から生まれるがゆえに正しい愛なのです。

さきほど申しました親の盲愛については、主として父親の自己愛より発する盲愛を指し、母親については問題にしません。なぜならば母親の子供に対する愛というものは、主として動物的なものであるからです。動物的な愛というものは天地自然の愛であり、種族保存のため生物に与えられた愛の機能であり、そこに自己愛の入り込む可能性は少ないのです。

正しい心で子供を見守る父親は、子供にあまり触れたがりません。子供をいじくりまわすより、遠くからさり気なく見て、もっとも必要な時に適切なアドバイスをし、危ない時には手を差しのべて助けます。子供が間違った行為をし、本人の将来のためにも社会のためにも害になるような方向に進みかけた時は、敢然とこれを否定し、時には体を張って戦います。子供はやがてこういう父親を尊敬するようになり、強く正しい人間に成長していきます。

こうして正しい心を持つ人は、自分も幸福になり他人も幸福にします。

それでは、①正しい理解、②正しい思想、③正しい言葉、④正しい行ない、⑤正しい生活、⑥正しい努力、⑦正しい心――を持つ人すなわち我欲を離れた人は、悟った人なのでしょうか。

いやいや、これは悟りへの道のりの単なる第一歩です。悟りへの道を歩む人は少なくともまず、第一段階のドゥッカ（欲望）を知り、第二段階のその起源を知り、第三段階のその生成流転・発生消滅の理を知り、さらに第四段階の悟りへの道、八正道のうちの七つの正しい道を実践しようと努力します。もちろんこれだけできれば世の人は聖人君子と崇めてくれるでしょう。これだけ立派な心を持ち行動する人はすばらしい人に違いありません。お坊さんなら高僧中の高僧に選ばれるでしょう。

しかしこれだけのことを完璧に理解し行動したとしても、なお、悟りの境地、我欲からの解脱には到達しません。なぜでしょう。それは、これらのことはすべて頭の中で理解されているからです。頭の中で理解し納得して移された行為にほかならないからです。

16　第八――正しい瞑想

ではどうすれば、これまで説明したことの理解、実行を乗り越えて悟りへの道を完成することができるのでしょうか。ブッダは八正道の最後の項目でその方法を明らかにしました。

デカルトは「我思う、ゆえに我在り」と言いました。これほど確実な話はないでしょう。デカルトは考えに考えたあげく、あらゆる消去法のあと最後に残った唯一の真実、我思うがゆえに我は存在すると証明したのですが、これが真実であればあるほど、我々は物思う自分に迷います。

人生は生まれてから死ぬまで迷いの中の命です。頭の中でどのように迷いが自分を苦しめ、自分の体を歪めているかがわかっていても、それから逃れられないのが人間です。腹を立ててはいけないとわかっていても、湧き上がってくる怒りを抑えるのは至難の技です。頭だけの理解ではなかなか解決できないのです。

「煩悩など大自然の法則だよ」とうそぶいている高僧にとって悟りは、程遠いことは前に話しました。この人たちは理解するところまで来ていないのです。理解しておれば努力するはずです。

しかしその努力も、圧倒的な煩悩の渦の中にしばしばかき消されてしまいそうです。その理由は何でしょう。それは、その理解がじつは完全な理解ではないからです。

たとえば、野球の投手がジョギングを毎朝二時間、そのあと手首の運動を一時間、次に腹筋の鍛錬を一時間、さらにボールを四時間投げ、打者の心を読むことに一時間、キャッチャーとの練習を一時間、その他の体操を数時間、これを続けると自分は日本一の投手になれると考えたとします。しかし彼はこれを実行できるでしょうか。友達と飲みたい、彼女とデートもしたい、病院へ親の見舞いにも行きたい、同窓会も出席したい——したいことが山ほど出てきてなかなか修練の実行ができない。それより第一に、もしこれだけのことをすれば必ず日本一の投手になれるという確信がないのです。「たぶんなれるであろう」では、これだけの苦行はとうてい実行できないでしょう。

しかし、もし彼が何らかの方法で、これだけのことをすれば必ずこうなるということがはっきりわかったとすれば、彼の態度は俄然違ったものになるでしょう。今までの理解は、わかっていたつもりでほんとうの理解ではなかったのです。ほんとうに理解すれば、見える世界も努力の内容もまったく異なったものになります。人間というのは因果なもので、頭の中でどのように考えても、このほんとうの理解にはなかなか到達できないのです。頭ではなく体で知るよりほかないのです。

メディテーション（瞑想）はこれを教えます。

17　ブッダとメディテーション

ブッダの時代、インドではメディテーションが盛んでした。ヨーガをはじめとして、当時はメディテーションが宗教各派で主流を占めていたといえましょう。城を出た王子ブッダは、これら各派のメディテーションを徹底的に勉強したものと思われます。

メディテーションというのはいわゆる瞑想法、すなわち精神集中です。精神を集中すると人間はいろいろな能力を発揮します。まず諸病が散佚《さんいつ》して健康になるというのは内功ですが、たとえば千里眼といって千里四方で起こっている森羅万象が眼に見えるとか、眼を閉じて物事を透視するとか、手をこすって雨を呼び手を開いて嵐を静めるとか、キリストは湖の上を歩きましたが仙人のように雲の上を歩くこともできます。

今日本では、中国の気功というのが大はやりですが、これも当時のインドの精神集中法が中国に渡って気功術となり、最近になって日本で持てはやされるようになったのです。中国では医療においても利用され、たとえば気功師の力により麻酔なしで外科手術も行なわれているようです。日本に来ている気功師の中には、天上の雲を二分する力を持つ人もいると宣伝されています。

日本でもこれを修めた人が、手を触れずに相手を吹き飛ばす業《わざ》を道場で教えているそうです。ただしこの人の場合は中国気功とは流れを異にし、日本独自に開発したものです。

この呼吸法を修めるとまず諸病が薄れ、近視遠視は改善され、内臓が強化され、とくに老人の骨にカルシウムが蓄積されて、腰の曲り背骨の曲りが是正され若返ります。私の知人でこの呼吸法を六年間続けている七十五歳の人が「最近頭の毛まで増えてきた」と喜んでいるのを見て、びっくりしたことがあります。

たしかに精神の集中は人間の思わぬ能力を高めます。オリンピックに出るような選手たちは、何らかの方法でこの集中力を高めることのできる人たちであることは間違いありません。

ブッダは、かの厳しい修行時代に人一倍努力してこの集中法を会得し、あらゆる能力を駆使できるようになっていたことは間違いありません。

しかしブッダはこれに満足しませんでした。ブッダは王城を一人あとにしたように、ある日忽然と修行僧たちと袂を分かちます。同僚たちはブッダが去ったことに対し、惜しい人を失ったとか、あるいは、彼は苦行に耐え切れず逃げ出したのだろうとか噂しましたが、ブッダの心はすでにもっと高いところにあったのです。

ブッダガヤの菩提樹の下で瞑想したブッダは、やがて開眼してその法を人々に説くことを決断します。そしてその第一教義の中で「四つの聖なる真実」と「八正道」を説き、その最後の項で自ら体得した瞑想法を隠すことなく披露しました。

18　ブッダの瞑想

ブッダは奇蹟を排斥します。同時に瞑想においても、それによる恍惚現象を求めません。ブッダの瞑想は一口に言えば観察です。心を集中して清らかに保ち、心と体に起こる現象を正しく観察します。

現象が生まれ大きくなり、また消滅する様を静かな心で観察することにより、物事のまことのすがた（実相）を理解しようとするのです。物事の真の姿を理解すれば、物事を正しく行なう真の勇気が湧き出ます。

ブッダのメディテーションは「バーヴァーナ（bhāvāna）」と呼ばれ、英訳ではメディテーション、精神純化とも呼ばれます。これは精神の完全な健康と純化を起こすものといわれます。これは主として「アナパナ」と「ヴィパサナ」と呼ばれる瞑想法です。

ブッダの教義の中でもっとも有名なのは「サティパサーナ・スタ（satipaṭṭhāna sutta）」と呼ばれるものです。その及ぶところは、体、感情、心、知のコントロールです。

残念ながら日本の仏徒はパーリ経典に触れることなく大乗にたよりましたので、ブッダの瞑想を知りませんでした。しかしパーリまたはサンスクリット経典にたよるインド、ミャンマー（ビルマ）、タイ、スリランカ（セイロン）の仏僧は、この瞑想法を熟知しています（『南伝大蔵経』九巻・九〇ページ参照）。

彼ら僧侶の朝は、この瞑想から始まります。具体的な方法を言いますと、まず正しい姿勢です。一般にはお釈迦様の像のように結跏趺坐《けっかふざ》をします。半跏趺坐でもよろしい。欧米人は座るのに慣れていませんので椅子に座ってもよいし正座でもかまいません。ただし背骨をぴんと伸ばします。背骨をぴんと伸ばすというのは、大地と天空を自分の背骨でつなぐという意味です。

そして精神を集中させます。具体的には「アナパナ」(呼吸法)という法に従い、眼は閉じても、半眼にして自分の鼻の先を見てもよろしい。そして自分の呼吸が鼻を通して出たり入ったりする状態を観察します。周りは静かで清らかで動かず、動いているものは鼻を出入りする空気だけですから、集中するには最良の方法です。

眼を閉じて、一、二、三と数を数えると集中できるという人もいますが、「一、二、三……」と数えるのは頭の中ですから、やがて疲れて眠ってしまったり、逆に眼が覚めて不快になったりします。

集中が深まるといろいろな現象が現われてきます。ビギナーはビギナーなりに中級者は中級者なりに、また上級者も上級者なりに思いもよらぬ現象が現われてきます。ちょうど夢を見る時は、突然何十年も前に別れた友人や忘れていた人間が現われたり、現実ではとうてい考えもつかないような恐怖の絶壁を登っていたり、なぜあんな夢を見たんだろう、株が下がって借金取りに追い回される夢なら見ても当たり前だけど……などと目が覚めてから首をひねることがあります。深い集中の中でもこういうことが起こります。しかし夢ではありませんから架空夢想のことではなく、現実とつながっています。

たとえば、突然えも言われぬ怒りの心が立ち昇ります。いても立ってもおれないような怒りの心。またある時は底なしの悲しみの心が芽ばえ、大きくなり圧倒されます。

しかし恐れずにこれを観察します。自分は小宇宙です。大は小を表わし小は大を示します。自分の心の動きは、大きくは人間すべての業《ごう》の働きであり、あまねく人間の苦は自分の苦の中に凝縮されています。メディテーションの中で自分を客観的に監察することにより、宇宙の真理と約束事が次第次第に理解されてくるのです。

怒りのいかにはかなきことか、悲しみのいかに無益なことか、諸行無常が頭ではなく体で実感としてわかってきます。自分を外に置き、自分を観察する、そこには正も邪もなく善も悪もありません。ただ観察し、見守り、チェックします。自分は裁判官ではなく、事実を忠実に調べようとする科学者です。

こうして自分の心に起こる現象を科学者の心で見る時、意識、感動、情意のはかなさを知り、すべてから解き放たれた自由の心を得る時が近づきます。

欲望、嫉妬、嫌悪、怒り、不安は、ブッダが掲げた五つの障害と呼ばれます。

人間世界では次々とこれらの障害が生まれ、人々の苦悩を呼び起こし、不幸の源を作っていきます。メディテーションにおいては、これらがうつし絵のように流転し、そのはかなさを教えてくれることになります。

Ⅵ　サヤジ＝ウバキンのこと

ブッダの瞑想法は、小乗の仏界では古来からそのまま引き継がれて、今でもインド、ミャンマー、タイ、スリランカでは、僧侶はもちろんのこと一般の人々でも信仰深い人たちは寺院を訪れ坐禅します。その瞑想法は主として「アナパナ・メディテーション」と呼ばれる方法です。

ところで、今から一〇〇年ほど前、ミャンマーにサヤジ＝ウバキンという人が生まれました。この人は本来の僧侶ではないのですが信心深く、ブッダの古書をいろいろ学んだ末にブッダの教えにいちばん近いと思われる瞑想法に到達しました。彼は政府の高官になってもこの瞑想法を続け、高い境地に至りました。

ちょうどブッダが菩提樹の下で悟ったあと、その教えを人々に伝えようと決心したように、ウバキンはこの方法を自分だけのものにしておくのはもったいないと思い、自分の部下たちに機会あるごとに指導することにしました。そのうちにウバキンの高名を慕ってたくさんの弟子たちが集まってくるようになりました。これが有名なテン・デイズ（ten days）コースを中心とする瞑想法です。

ブッダの瞑想は、ヨーガや中国気功のように健康を目的としたり、あるいは超能力を得るためのものではありません。これはあくまで悟りへの道であり、努力して勉強した仏教の真理を体で体得して悟りに近づくためのものでありますから、瞑想だけが独立して存在するものではありません。あくまで高い宗教心の下で瞑想してこそ価値のあるものです。

この意味では禅宗の坐禅と軌を一にしています。禅宗の坐禅も健康や超能力を得るためではなく、心身を清らかに保ち、坐禅して心を浄化し、悟りへの道を求めるものです。しかしその方法は全然異なったものです。禅宗では小乗の経典がありませんから、同じ瞑想でも当時の中国の僧が編み出した方法にたよっているわけです。

ウバキンの瞑想法はそれまで伝えられてきた小乗の瞑想法を集大成し、かつ現代の人間に理解納得しやすいように、非常に科学的に再編成したものです。瞑想法を学びたい人は一〇日間の休みを取って修行場に集まります。

このコース中、生徒は一〇日間一切しゃべることができません。ただ、毎日坐禅が終わったあとインストラクターとの質疑応答の時間があり、この時に指導者とのみ会話ができます。ビギナーは一日三回の食事が与えられますが、もちろん全部精進料理で肉・魚はつきません。夕食は少量の果物で過ごします。

中級者以上は朝食と昼食のみです。しかし野菜と色とりどりの果物が豊富に食堂に盛られ、たいへんおいしいそうであります。たっぷりある野菜は人間の体を酸性からアルカリ性に変える効果があるとともに、精神力を高めます。

瞑想と瞑想の間にはインストラクターが、ブッダの教えやいろいろな古来の話をして、いやが上にも仏教心を鼓舞します。最初の四日間は「アナパナ・メディテーション」です。意識を、鼻を出入りする空気に一点集中して、集中力を高めます。穀物と野菜と果物で浄化された体と、一点集中して清められた心がかもし出す雰囲気は静寂で荘厳です。

こうして意識が集中されるといろいろな現象が起こってきます。思いもよらなかった自分が姿を現わします。突然襲ってくる言いしれない怒り、底知れない悲しみ、精力の漲った男性は思わずエクスタシーに達することもあると聞いています。

人間というものはえてして勝手なもので、日頃は自分の欠点を意識しません。むしろ自分は逆だと思っています。怒りん坊は自分はやさしい人だと思っているし、泣き虫さんは自分は強い人間だと思っていますから、他人に自分の弱点を指摘されるとたいへん立腹します。

しかし、今目の前に現われた自分は自分そのものです。誰に教えられたものでもなく、強制されたものでもなく、自分本来の姿を自分の目で見なければいけません。アナパナに集中しつつ、自分の内部より噴き出る怒りと対峙しなければなりません。声をあげることも体を動かすこともできません。中には耐えかねて泣き出す人もいるそうですが、誰も相手にしてくれません。天上天下自分唯一人です。

こうして自分を観察することにより自分が理解でき、自分を理解できるということは自分の長所も欠点も知り尽くして一歩前進するわけです。

メディテーションのある一定の時間、一切の身動きを禁止される時間があります。これはたいへん苦しいことです。たとえば足が限りなく痛くなってきます。その痛みはだんだんひどくなり脳髄に達して痛みます。

極限に達すると、もうどうしても我慢ができません。大声をあげようか、逃げ出そうか、ぎりぎりの段階になって絶体絶命です。人によっては、えい死んでやれ、と思うかもしれません。

ところが、この最高の瞬間になると、ふっと痛みが消えるのです。実際には消えるわけがありません。身動きせず座っているのですからもっと痛くなるはずです。しかし不思議にも今までの痛みはウソのように消え、静寂の世界が訪れます。

どうなったのでしょう。それは心が痛みとアバイド（〝ともに住む〟の意）したのです。

ここでこの人は一つの大きな発見をします。痛みというものは本来はないのです。それは自分の心が作っていた影であって、だからこそ心が痛みとアバイドした時、すなわちともに住んだ時、痛みは消えてしまったのです。このように痛みも苦しみも怒りも悲しみも本来は無いということをこの人は教えられ、それも頭の中で知ったのではなく、自分の体で体得したのですから、この理解は本物です。

なお、サヤジの説明によると「四つの真理」の第一である苦聖諦も実際に瞑想によって体験されねばならないとされています。

1　ヴィパサナ・メディテーション

こうして四日間のアナパナが終わり、五日目から「ヴィパサナ・メディテーション」に入ります。このヴィパサナは高度な瞑想法として、タイ、ミャンマー、スリランカの本家でも高僧中の高僧のみが行なっている法だといわれています。

しかしサヤジ＝ウバキンはこのヴェールを開き、一般の人にもわかりやすいようにして「ヴィパサナ・メディテーション」を大衆に公開しました。

四日間のアナパナによってすっかり浄化された心と鍛えられた集中力をもとに、インストラクターはヴィパサナを始めます。

生徒は指図に従って自分の体の各部分に心を集中します。まず頭の頂点から始まり、眼、鼻、口、背、胸、腹、腰、膝、足、最後は足の裏に至ります。

集中した場所が冷たくなる人、温かくなる人、痛くなる人、気持ちよくなる人、さまざまです。

いずれにせよこの集中の移動により、いろいろなセンセーション（感覚）が起こり、生成し、移転し、消滅します。これを六日間続けるうちに、生徒は不思議な感覚に落ち着きます。

それは、物事は生成・流転・消滅するものだ、自分がどれほど強くそれに対抗してみてもしょせん、はかない抵抗にすぎない。自分の体の中に感じる感覚でさえこのように生まれては消えていくではないか。世に永遠のものはなく、魂でさえ一つの現象にすぎない。されば何を怒り悲しみ苦しむのか――と。

こうしていつの間にか自然のうちに心は自由に解放され、周りは幸福に包まれ、新しい力が湧き出てくるようになります。経験者の話によると、このヴィパサナ・メディテーションの間しばしばこういった幸福感に包まれ、思わず感謝の気持ちでいっぱいになることがあるそうです。

Ⅷ　シャマとゴインカジィーのこと

サヤジ＝ウバキンの下に二人の高弟がいました。マザー・シャマとゴインカジィー師です。ほかにコールマンという人もいましたが、今消息はつかめません。

シャマはウバキンと同じミャンマー人、ゴインカジィーはインド人です。ウバキンの死後、この二人はウバキンの教えを忠実に守り、この瞑想法を人々に伝えようと努力しました。

ウバキンの教えは当時のミャンマーで、新教としてとらえられたわけでは決してありません。ウバキンのもとにはミャンマーの高僧たちも集まりました。ウバキンは古来より伝わるミャンマーの仏教を十分考証したうえで新しい瞑想法を付け加えたにすぎませんから、今でもこの二人の高弟の行なう行事にはミャンマーの高僧が参加します。

シャマは結婚して子供もいますが、ある時ウバキンの瞑想法に接して即座にこれを理解したために、ウバキンからたいそう期待されました。

現在、世界に現存する最高のメディテーターです。彼女はウバキンの指導の下で瞑想法を行なったところ、その深い宗教心と天賦の素質からたちまち深い集中を得て一番弟子となりました。

シャマの噂を聞いて世界中から人々が集まってくるようになり、その数はどんどん増えていきました。また、国に帰って人々は自分たちのグループを作り、それぞれの家庭での持ち回りで瞑想の時間を持つようになりました。さらに自分の国にシャマを招待して瞑想の勉強をしたいと思うようになり、お金を出し合って研修所を作りました。

最初に出来たのはロンドンの郊外にあるスプラッツ・ハウス研修所です。次にオーストラリアのパースに出来、さらにニューヨーク、シドニー、オランダに開設されました。ちょうどブッダの伝道の旅のように、シャマは人々の懇望に応えて一年中旅をし、これらの研修所を訪問します。

シャマの場合これらの活動について一切宣伝をしませんし、公衆の前で法を述べることもありません。すべて口コミです。シャマのコースを受けて感動した人が家族に伝え、友人を誘い、人の輪が広がっていくわけで、またそのコース指導も全部メディテーターのヴォランティア奉仕によって行なわれます。来るのも自由であれば出るのも自由です。

一〇日間寝食する人は最低限度の食事代を納めますが、それ以外はすべて上級者の奉仕で行なわれます。

一〇日間のコースを取る人々のために無償で奉仕すること自体が、奉仕する者の大きなメリットとなり、徳が積まれてゆくことを上級者はよく知っているからです。

今から四十年程前のこと、私はアメリカの留学を終えて日本に帰って来まして父の事業の繊維業を継ぎ、大阪南部の岸和田に住んでいました。岸和田ロータリークラブに入りロータリー活動に参加していましたが、英語が喋れるのを知った国際奉仕の委員長から頼まれて、よく外国留学生のお世話をしていました。一年間家庭に学生を預かり、日本が好きになってもらって、送り返す仕事です。

ある時、ジム・エメリーさん（私の友人のやっていた英語教室の先生）の紹介でジェニファー・アルパーンというアメリカ人の二十歳になったばかりの女性をつれて来て面倒を見てくれと頼まれました。まだ二十を過ぎたところなのですがジェニファーさんは、すばらしいメディテーターで、肉類は一切食べず、虫は殺さず、夏はカヤを吊って蚊を防ぎます。このジェニファーはアルバイトでお金を稼ぎ、貯まったお金でとうとうマザー・シャマを日本に招待しました。マザー・シャマは数日間我が家に宿泊してくれました。ジムとその妻となった京子さんは、その間ずっとシャマの接待に全力を尽しました。シャマのメディテーションをしたお部屋は今でも大切な聖地として保存されています。シャマのメディテーションはすごく深くそのまま死者の国にまで訪れることが出来る程でした。ゴインカジーは一昨年亡くなりましたがシャマは今でも元気に英国ロンドンのスプラッツハウスからメッタ（福音）を弟子達に送り続けておられます。

1　ゴインカジィーとヴィパサナ・メディテーション

ゴインカジィーはインドの豪商で、偏頭痛に悩まされてあらゆる病院を訪れましたが効果なく、死を覚悟していた時、ウバキンの瞑想法に接し再起しました。

自分の瞑想が深まるにつれ、自分でも、人々の悩み、体の悩みはもちろん心の悩みも救おうと思い、ウバキンの死後シャマとともに伝道の旅に出ます。ゴインカジィーはインド人特有の深い哲学的な素養がありましたから、瞑想とともに仏教の真理をどんどんと追究し、その方面の学者としても有名です。請われれば講堂に大勢の人を集め講義し、求められれば瞑想の指導もします。

ゴインカジィーも数年前日本を訪れ、各地の大学で講演をしました。この講義を聞き瞑想法の指導を受けた人たちは、ゴインカジィーが日本を去ったあとも各地で小グループを作り、時間を見つけては座ります。そのうちの一つのグループは、最近関西に土地を見つけ、全部自らの手作りの奉仕で研修所を作りました。土地を買うお金は、自分たちが働いて何年もかかって集めたのです。そしてこの研修所を、集まってくる人たちのために無償で提供しています。

感心させられるのは、これらのメディテーターが敬虔な仏教徒であるということです。生活を常に正しく保とうと努力し、アルコールは一切とろうとしません。食事は、人にすすめられて断われば相手を傷つける場合を除いては肉を食わず、野菜をたっぷり使ったいわゆる精進料理です。青い目をしていても赤い髪をしていても黒い肌をしていても、人種を問わず一切平等です。努力して差別心を抑えているのではなく、心から平等であると信じていることが、接すればすぐ理解できる雰囲気を持っています。

これらの人たちの多くは、今でも夏に蚊帳《かや》を吊ります。殺虫剤でむやみに虫を殺したくないからです。蚊が自分の腕に止まった時は、それをそっと手で包んで窓から逃がしてやります。こういった純粋な人たちを見ていると、さきに申しましたような日本のお坊さんたちが、人々にブッダの教えを説く立場にありながら酒を飲み女を抱き、ときに金銭欲の強いことは庶民以上という現状は、たいへん恥ずかしいことです。

関西に小さな研修所を作ったグループは「日本ヴィパッサナー協会」と名づけて、ゴインカジィー師のアナパナはもちろん、ヴィパッサナー・メディテーションも教えています。

関心のある方はネット検索で詳しく知ることが可能です。

第四部　ブッダの心

Ⅰ　ブッディズム総論

　ここまでに、ブッダはどのように生まれ、どのように育ち、どのように親と家族と城を捨て（これは西欧では「偉大なる出奔」と呼ばれています）、どのように悟りを開き、どのように道を伝える決意をし、どのように伝道し、どのように人々と語り、どのように涅槃の世界に去ったかを書きました。

　そしてブッダの中心教義――四つの聖なる真実と八正道――の中味を知り、最後はそこに至る道、メディテーションの具体的方法論にも触れました。

　ここまで読まれた方は、ブッダがほんとうに教えようとしたことについて、なんとなく感触を得られたものと思います。と同時に、日本の仏教、すなわち中国渡来の大乗経典による〝仏教〟がどのようなものであったか、またその善悪は別にして、サンスクリットあるいはパーリ原典を知らなかった日本の仏僧たちが、異国語である中国語の経典を理解しようとしていかに苦しみ迷ったかも、おぼろげながらおわかりいただけたかと思います。

　日本では仏典の解釈は主として仏僧に任されて、江戸中期、大阪が生んだ天才学者富永仲基のような希有な例をのぞいて、学者の入り込む余地は少なかったのですが、西欧では学者・哲学者の手によって相当進んだ研究がなされています。ロンドンにあるパーリ協会

（パーリテキスト・アソシエーション）は、現存するパーリ経典の全訳に取り組み、ほぼ完成に近づいています。近年になって日本でもパーリ経典の研究が進み、たくさんの本が出るようになりました。

そのほとんどは英訳からの重訳ですが、おかげでブッダの言葉が平易にそのまま我々の目に触れるようになったのはたいへんありがたいことです。

それではもう少しがんばって、ブッダの教えを考えてみましょう。

1　ブッディズムとニヒリズムまたはペシミズム

我々がもっとも親しんでいるつもりの「般若心経」の中に〝無〟という字が続けざまに出てくるという話を前にしました。お経の中には、

無色無受想行識　無眼耳鼻舌身意　無色声香味触法　無眼界　乃至無意識界
無無明亦　無無明尽　乃至無老死　亦無老死尽　無苦集滅道　無智亦無得

（色なく、受・想・行・識もなく、眼・耳・鼻・舌・身・意識もなく、色・声・香り・味・触感も法もない。眼界なく、意識界もなく、無明もなく、無明の尽きることもなく、老も死もなく、また老と死の尽きることもなく、苦も集も滅も道もなく、智なく

得もなし）

とあります。ないない尽くしで何もない。人生は無常であり、いたずらにあがき、もがき苦しむのみである。すべからく、でき得れば一刻も早くこの現世から離脱し、野に庵を結び山水と居をともにし、清らかな静寂の中に人生を全うしようではないか――と教えているようにみえます。

一〇〇〇年以上にわたり仏教に馴れ親しんだ我々日本人には、この心境は理解できないものではありません。しかし西欧人からみるとこれは人生からの逃避であり、ないない尽くしはニヒリズム（虚無主義）、諸行無常はペシミズム（悲観主義）として映ります。

日本人の中でも仏教の極致をこのように人生からの逃避と考えている人もいないわけではありません。しかしブッダの教えはもっともっと積極的なものであります。積極的な人生観です。

古代の人間は、現代の我々と比べてもっと神に近い存在でした。天照大神は非常に人間的な神様であったし、素戔嗚尊《すさのおのみこと》も現代人以上に腕白で人間的です。もちろん今の天皇様のご先祖ですから人間そのものなのですが、同時に神様であったわけです。

ギリシャ神話にあっても、オリンポスの神々はゼウスをはじめ、はなはだ人間的で、人間の感情をすべて持って行動しています。しかしやはり彼らは神様であるわけです。

言っておきますが、人間以外の生物は、動物・植物、はては路傍の石まで全部神様です。なぜならば彼らはすべて本能のみに生きているからです。本能とは神から与えられたもの、神の言葉、神の意志の体現です。何の不純もありません。

蝉の幼虫は土の中で一五年間も木の根、草の根を食べて、まっ暗な土の中で生き続け、一五年目の夏のある日、突然いっせいに土を破って地上に現われます。いっせいに出てこないと外敵にすぐやられてしまいますから、まったく突如として全員いっせいに地上に現われるのです。

そこに彼らの意志は一切ありません。一五年間毎日、時計を見て用意しているのではありませんから、計算して出てこられるわけはありません。まさに本能の呼び声、地の呼び声に応えて出てくるわけで、すなわち神のおさしずに従っているだけであります。

人間も知恵の木の実を食べるまでは、このように神の子であったわけでありますから、人間になってからも古代人は容易に神の言葉を聞き、神と会話する機会があったのです。

木を見ればその精を感じ、水の精ニンフが森の踊りに興ずればその仲間に入ることもできました。

しかしやがて人間の知恵が進むにつれ、だんだんと神の声から遠のき、努力し苦労しても神の声を聞く機会は薄れていきます。欲望に知恵がつき、飽くことなく、一方、悩みは無限の淵にあがくことになります。

2　石に心はあるか

「石に心はあるか」と問われて、読者の中に確信を持って「ある」と断言できる人は何人いるでしょう。しかし、「イエス」と答えてください。石に心はあるのです。

日本の国家〝君が代〟に「さざれ石の巌《いわお》となりて」という歌詞がありますが、そのとおりです。高級ビルの壁石に使われる大理石にしても花崗岩にしても、初めはざらざらの砂と土の集まりですが、何千何万年もかかってこれらの砂と土が次第に集まり、徐々に固まり、ついに美しい石の形が現われます。そして何万年もその姿形を誇り、また老化してもとの土に帰って行きます。

森羅万象は、集まり成長し、やがて消滅する歴史を繰り返しています。南太平洋の一角に起こった小さな風が次第に仲間を呼び集めて台風となり、初めはゆっくりと、やがて速度を増して北上し、地上の草木をなぎ倒し、やがて衰えやさしい季節風となって消えて行きます。

万物は生あるものも生なきものも、美しくなろう強くなろうという意志を持ってがんばっています。どうしてダイヤモンドやルビーがこの世にあるのでしょうか。ダイヤモンドにしてもルビーにしても、もともと小さなダイヤがあって大きくなるのではなく、もとはただの石です。ただしダイヤを生み出す能力を持った岩石で、これが何千何万年の間に徐々に凝縮して、ついにそのお腹のまん中にダイヤを生み出します。現在の進歩した科学でも、大きなダイヤモンドを作り出すことはなかなかできません。

京セラ社が、そのセラミック技術を駆使してついに人工のエメラルドの製作に成功しましたが、これは試験室でいろいろな成分を合成して作り上げたものではありません。エメラルドの原石を山から採ってきて、その原石が何千何万年もかかってエメラルドを生み出す過程とまったく同じ条件を人工的に作り上げ、時間を短縮してエメラルドを取り出したもので、エメラルドの原石がエメラルドを生もうとして努力している意志を利用したものにすぎません。こうして出来上がった人工のエメラルドは、固さ、屈折度、光沢が本物とまったく同じで、科学検査によって識別することは不可能だといわれています。もともとエメラルドになるべき原石ですから、これは当然のことです。

山にある土も砂も小石も皆このように、その分に応じて成長しようと望んでいます。人間はこれらを山から採ってきて道路に敷きます。我々が道を歩いていて路傍の石をポンと道ぎわの汚いドブに蹴り落としたとします。石も汚いものは嫌いです。可哀相にこの小石は、このあと何千年もこのドブから救出されることはないでしょう。しかし、いつかはまた都市計画が変わり、道路が掘り返されてもとの古巣の美しい山に帰り、時間をかけて聳え立つ岩石になるかもしれません。

路傍の小石さえこのような願望を持っています。まして生命あるものはもっと強い意志を持っていて当然です。

こうしてみると、仲間のために必死になって餌を運んでいる地上のアリを、知らなかったとはいえ足で踏みつぶしてしまうことは、どれほど残酷なことでしょうか。ブッダが教えた、人間が最低守らねばならぬ五つの戒律の一つ「殺すな」という教えは、こういう発想から出ています。

我々が一つの生命を奪うことは、一つのカーマ（業《ごう》）を深めたことになり、それはいつも因果応報します。だから古来、仏教徒は殺しを避け、肉を食べなかったわけです。

3　人は死ねばどうなるか

死は人間の最大の恐怖であり、人は幸福であればあるほど、富めば富むほど、名声と権力を得れば得るほど、死を恐れるようになります。

古くは中国古代の秦の始皇帝が、不老不死の薬を求めて遠くの地に家来を送り出したように、現在でも死の宣告から免れるためには全財産を投げ出してもよいと思う人は、金持ちならずともたくさんいると思います。

死の恐怖と同時に、人は死ねばどうなるかということも、人間の永遠の疑問です。宗教の多くは、この人間最大の弱点を大いに利用しているといえます。また、一般衆徒を善導するのにこの恐怖心を利用することは、非常に効果的だともいえます。

仏教の法話では、死後の世界には天国と地獄があり、良いことをすれば天国で神々に列せられるが、悪いことを重ねると地獄に落ちて針地獄・餓鬼地獄で苦しまねばなりません。地獄に落ちる前にも、三途の川を渡った所で閻魔様が待ち受けていて、まず嘘をついた人間の舌をヤットコで引き抜いてしまうなど、聞けば聞くほど恐ろしい話で、悪いことをする人は確かに少なくなるかもしれません。

事実、新興宗教のほとんどは、この現世における死への恐怖と死後への恐怖を利用しながら大きくなっていくのが常套手段です。

「あなたは何か病いで苦しんでいるでしょう。何か心で悩んでいるでしょう。それはこういうことが原因しています。だからこうすれば良くなるのですよ」

などと自信たっぷりに言われると、ついその人の言葉を信じて入信してしまうわけです。

4　ブッダと輪廻

ブッダの生きたインドの社会では、輪廻の思想は広く一般民衆にまで広がっていて、これを疑う人はいませんでした。輪廻の思想というのは、人間は何度も何度も生まれ変わって生きていくということです。良いことを積み重ねた人は良い環境に生まれ変わり、悪いことをした人は悪い状態で生まれ変わります。

インドには厳しい階級制度（カースト制）があり、下層階級に生まれた人は一生その階級から逃れ出ることはできず、こんど生まれる時はきっといい階級に生まれ変わろうと、一生思い続けて生きているわけです。どんなに頭がよくても努力しても、下層階級に生まれた人はそれによって報われることは決してありません。絶望の中に、こんど生まれ変わったら幸福になれるかもしれないというのが唯一の生きる望み、パンドラの箱の最後に残っていた〝希望〟なのです。

ブッダはこの輪廻の思想を否定はしませんでした。これを否定することは、民衆の唯一の希望を否定してしまうことになるからです。

しかしブッダは、これを積極的に肯定したわけでもありません。パーリ経典にあるたくさんのブッダ言行録からも、ブッダがこの輪廻の思想を強調した部分を見つけ出すのは困難です。ブッダが大切にしているのは、過ぎ去った過去でもなく、しのび寄る未来でもなく、現在、今この瞬間です。今この瞬間を大切にして正しく生きよ、と教えています。結果は座して待つのみです。

もちろん、ブッダの中心課題である輪廻からの解放、永遠の生命ニルヴァーナすなわち涅槃への入界は、苦からの解放の最高段階であるわけですが、あえて申しあげれば、これはブッダ最大のドグマではないでしょうか。

一般に、ブッダは死んで涅槃に入り給う、と解釈し、多くの仏僧も仏教学者も、ブッダの死後、ブッダは蓮の台《うてな》の上で永遠の生命を楽しんでおられると想像しているようですが、じつは仏典のどこにも、涅槃に入り給うという言葉はないのです。

ブッダの死への旅立ちにつきパーリ経典では、「かくブッダはフリーパスされました」（英訳）となっており、それは「このようにブッダは完全に去って行かれました」ということなのです。

ブッダにとって死というものは、たいして意味のあることではないのです。したがって、死後の世界というものも重大事項ではありません。ブッダは悟りを開いた時に、すでに生死を超越しているのです。それがブッダの〝偉大なる悟り〟です。

我々も努力すればこの悟りに到達できます。ブッダはそのために四五年間の苦しい伝道の旅に出たわけです。もちろんブッダにとっては苦しいという表現は当てはまりませんが、仏教の一つの側面、慈悲の心がブッダを旅立たせたわけです。

ブッダが伝道の旅の間、何人もの人がブッダに人間は死ねばどうなるのですかと尋ねています。ブッダはその時その人の理解度に応じていろいろと話していますが、ある時、バッカという人がまた同じ質問をすると、やさしく笑顔でバッカを見つめながら、静かにこう言いました。

「おおバッカよ、またその質問をするのか。ドゥッカから完全に解脱した人には生も死もない。生まれることがないから死ぬということもないのだよ」

5　アミダ如来誕生

地獄・極楽が、後世の仏僧の作り話ではあるが庶民教化に役立った話はしました。もう一つの、作り話ならぬ「作り仏」が、これはたいへん罪深いのですが、アミダ（阿弥陀）様です。

アミダ様は大乗経典の「大無量寿経」、「観無量寿経」、「阿弥陀経」に出てきます。浄土宗（教祖・法然）、浄土真宗（教祖・親鸞）の守り経典です。

インドの王国の一つに、法蔵沙門という王子様がいました。非常に宗教心が厚く慈悲深い人で、一般民衆の苦しみに心を痛め、ある時、願を立てて衆生救済を誓い、宣言します。

「衆生、念じて往生成仏できざれば、我正覚を取らず」

千日回峰の苦行のように、正覚（悟り）を得るにはたいへんな努力が必要です。王子は民衆のためにこの大事業に挑戦し、「心頭を滅却して悟りへの道を進んだとしても、もし民衆が救われないならば自分は涅槃に入ることはない。地獄道に落ちようが狐に生まれ変わろうが悔いることはない」と宣言して精進したのです。

王子は念願を成就してアミダ様となり、蓮の台《うてな》に座ることになります。大乗経典では、ブッダの従者の一人、阿難尊者がある時ブッダに「王子は大悟を開いて、今、蓮の台《うてな》に遊んでいるのですか」と聞いたところ、ブッダは「そうだよ、そのとおりだよ」と答えたということになっています。

法蔵沙門王子はずっとあとの時代に作られた人ですから、お釈迦様が「そうだよ」と答えるわけはないのですが、とにかくこうして阿弥陀如来が誕生したのです。

アミダ様のこの〝ねがい〟のことを、浄土宗、浄土真宗では「弥陀の本願」といいます。

6　日蓮と親鸞

日蓮と親鸞が生きた鎌倉時代は、日本の仏教史の中でもいちばん激しい宗教戦争が行なわれた時代です。最澄、空海が中国から仏教経典を持ち帰ったころは、人々はただただその膨大な量と内容に圧倒されて、仏教の心に触れようと努力するのが精一杯でしたが、やがて各派が生まれ、寺院が各地に建立され、優秀な子弟が仏僧になって研修を始めますと、それぞれ自分の主張を通すための議論が起こってきます。

日蓮は鎌倉を本拠として「念仏無間《むげん》　禅天魔　真言亡国　律国賊」などと称し、他宗に大攻撃をかけました。天台、真言などのように時の権力に結びついていた宗派はさすがに安泰で、逆に日蓮を迫害しますが、いちばん影響を受けやすかったのが、バックを持たずただ一筋に「なむあみだぶつ」で民衆の支持を得ていた親鸞であったといえましょう。

親鸞は九歳の時に出家して、二〇年間比叡山延暦寺で修行し、その後、山を下って東山の草庵で念仏往生を説く法然上人に師事します。

親鸞は前にも申しましたように体力は人に勝り、食欲性欲ことごとく強烈でしたが、同時に非常に強い意志を持っていた人のように思われます。この強い意志のゆえに妻を娶りますが、この強い意志のためにやがて妻は去り、自分の代理人として東国に送った長男の善鸞に背かれこれを義絶します。家庭的にも悲惨の一語に尽きる状況になっていました。

そこへ加えて日蓮の攻撃を受け、親鸞の念仏集団は大混乱の状態です。ある日、各地から代表者が集まり、京都に隠栖中の親鸞を訪ねて疑問をぶつけました。

「我々はあなたの教えをただ一筋に守り〝ナムアミダブツ〟を唱えてきました。しかし他宗はこれにいろいろ攻撃をかけてきて、信徒は動揺しています。いったい〝ナムアミダブツ〟だけでほんとうに救われるのですか」

と詰め寄ったのです。この時の問答が『歎異抄』という、弟子唯円が書き残した記録にあり、たいへん有名で仏教学者・仏教徒の論議にしばしばのぼるものであります。少し長くなりますが引用しましょう。

をのをの十余ケ国のさかひをこえて、身命《しんみよう》をかへりみずしてたづねきたらしめたまふ御こゝろざし、ひとへに往生極楽のみちをとひきかんがためなり。しかるに念仏よりほかに往生のみちをも存知《ぞんち》し、また法文等をもしりたるらんと、こころにくゝおぼしめしておはしましてはんべらんは、おほきなるあやまりなり。もししからば、南都北嶺にもゆゆしき学生《がくしょう》たちおおく座《おわ》せられてさふらふなれば、かのひとびとにもあひたてまつりて往生の要《よう》よくよくきかるべきなり。親鸞にをきては、ただ念仏して弥陀《みだ》にたすけられまひらすべしと、よきひとのおほせをかぶりて、信ずるほかに別の子細《しさい》なきなり。念仏はまことに浄土にむまるゝたねにてやはんべるらん、また地獄におつべき業《ごう》にてやはんべるらん、総《そう》じてもて存知せざるなり。たとひ法然上人にすかされまひらせて、念仏して地獄におちたりともさらに後悔すべからずさふらふ。そのゆへは、自余《じよ》の行をはげみて仏になるべかりける身が、念仏をまうして地獄にもおちてさふらはゞこそ、すかされたてまつりてといふ後悔もさふらはめ、いづれの行もをよびがたき身なれば、とても地獄は一定《いちじょう》のすみかぞかし。弥陀の本願まことにおはしまさば、釈尊の説教、虚言《きよごん》なるべからず。仏説まことにおはしまさば、善導の御《おん》釈《しゃく》、虚言したまふべからず。善導の御釈まことならば、法然のおほせそらごとならんや。法然のおほせまことならば、親鸞がまうすむね、またもてむなしかるべからずさふらふ歟《か》。詮ずるところ愚身の信心にをきては、かくのごとし。このうへは、念仏をとりて信じたてまつらんとも、またすてんとも、面々の御はからひなりと、云々《うんぬん》。

だいたいの意味を申しますと、

「皆々様よくおいでくださいました。往生極楽の道理を問い糺《ただ》そうとなさっていること、よくわかります。しかし、理屈をもってこれを理解されようとするなら南都北嶺（奈良や比叡山）にたくさんの学者がおられます。私はただ念仏申せば救わるるという法然上人のお言葉を信じているだけで、たとえ法然上人に騙されて地獄に落ちたとしても決して後悔はいたしません。なぜと申しますと、もし他の修行によって成仏できる人が、念仏だけにたよった結果地獄に落ちたとすれば、それは悔まれることでしょう。しかし私の場合、どのような修行もおよそ覚束《おぼつか》のうございます。私にとっては、てっきり地獄以外は住む場所がないだろう。もし弥陀の本願がほんとうであるならば、ブッダがこれを知らないわけはありません。もしブッダの証言がまこと（真実）ならば、これを伝えた人の教えもまた真実と言うよりほかはなく、されば法然の教えが嘘であるわけがなく、法然の教えが実（まこと）なら、この親鸞の申すことをどうして空事と言い切ることができるでしょうか。私の言いたいことはこれだけ。念仏を信じるも、またこれを捨てるも、皆様方のお心次第になされるがよいでしょう」

ということです。

これを聞いた信徒たちは、驚きのあまり思わず数尺飛びすさって、しばし唖然として親鸞を見つめましたが、やがて深々と平伏して畏敬の念を表わし、諸国に再び散って真宗の布教に努めたといわれています。

この親鸞の言葉はたいへん有名で、今日までいろいろな仏教書に引き合いに出され、またいろいろな解釈もされていますが、ブッダの教えを知った我々からみると、皆様もお感じかと思いますが、非常に簡明に理解できます。

要するに、人一倍強い煩悩に苦しめられながら、人一倍純粋で人一倍努力家であった親鸞が、あらゆる大乗経典を読破しなんとかブッダの教えの真髄を知ろうと、苦難に苦難を重ねますが、どうしても納得できない。ついに断念して失意のうちに比叡山を下り、ふと訪れた草庵に法然を知り、弥陀の本願を知って悟ります。

この悟りは、悟りの項で述べた〝小悟〟です。しかし小悟といえどもすごい悟りです。もう地獄に落ちても恐れない、何ら悔いない。口で言っているだけではなく、ほんとうに親鸞はそう思ったに違いありません。「地獄は一定すみかぞかし」とはすごい言葉ではありませんか。それだけに迫力があります。

もう言わずもがなでしょうが、これまで見てきたように、ブッダの教えは真実を正しい姿勢と正しい心で見透そうというものであり、そこに超越的、神秘的な何ものかの力が入り込む隙はありません。むしろそれを排除してこそ正しい理解に近づくのです。

願をかけるとは何でしょう。いったい誰に願をかけるのでしょう。願をかけて叶えてくれるようなものは神しかありません。自分以外に何かスーパーなもの、超能力者、神といったものの存在を認めるのでなければ、願をかけて成就されるはずはありません。

願をかけるという考え方は古代宗教のもので、ギリシャ神教にも旧約聖書にも、あるいは中国の仙人思想にもよく出てくるものです。アミダ様は、仏教が中国に入ってから中国高僧の一人が考え出したもので、諸民救済の便法であったと考えられます。

何度も言いましたように、ブッディズムには絶対者、神というものはないのです。あるのは自分、それと自分を構成する五つの原因、さらにそれと現実に絡み合う宇宙の諸原則――すべて自分が感じ納得できる事実のみがあるのです。

アミダ様は、このようにあとの人間の想像から生まれた仏様ですから、実在の記録はありません。何十劫《こう》年（劫＝古代インドにおける時間の観念。宇宙の生成から消滅までが四劫といわれる＝『岩波仏教辞典』）も前の人ともいわれるし、仏典によってその出生もまちまちです。とにかく、ブッダの一面である慈悲の心の最高の具現者でありますが。この一点にのみ救いを見出さざるを得なかった、当時の日本の大乗経典だけにたよる仏僧たちは、親鸞をはじめとして哀れとしか言うほかはありません。

この親鸞の『歎異抄』の言葉を読む時、絶望の中に開き直った親鸞の心境、まったく裸の親鸞の姿を見る思いがしませんか。

Ⅱ　再び教えの要約

この章までに、ブッダの語った言葉と行動についていろいろな角度から検証し、その全体像と思想を理解しようとしてきました。しかし、少し長くなりましたのでもう一度振り返って要約します。

ブッダの教えの中心となるものは、世にいう四つの聖なる真実＝四聖理です。

その第一聖理でブッダは、物体（人間を含め）はどうしてこの世に存在し、どういうぐあいに機能しているかということを説き明かしました。まず物体の存在の中味がわからなくては、それがどのように生成発展し、かつ消滅するかを理解することはできないからです。

次に第二聖理で、その物体がどうして発生するのか、その起源について深い理解を示しました。

そして第三聖理において、このような諸現象がどうして終焉し、静寂（ニバーナ）の世界に入るかを語りました。

そして最後に第四聖理、すなわちその悟りへの具体的な方法を教えました。

それが八正道です。この八正道を守り努めることにより、人は誰でも苦悩から解き放され、幸福の極致ニバーナに入ることができると言ったのです。

ブッダ入寂の直前、驚き悲しみうろたえる愛弟子アーナンダを、ブッダはやさしい目で見つめながら、

「アーナンダよ、何も驚き悲しみうろたえることはない。私はこの長い間、言葉と行為

により、私のすべての教えをお前たちに伝えたはずだ。あとは私の教えに従い、ただ励み努めなさい」

と教えました。

仏徒にとって必要なことは、高邁な理論を弄《もてあそ》ぶことでも、山に入って世俗を逃れ世捨て人になることでもなく、今、自分の生きるこの瞬間を大切にし、正しい理解をもって励み努めることであるわけです。

1　大乗は地獄か

話がここまでくる間、大乗仏教をずいぶん非難したかのようにみえますが、そういうわけではないのです。その点、誤解ないようにお願いします。

たしかに、現在のわが国の仏僧たちが、酒を食らい妻を娶り、金儲けと世襲相続にうつつをぬかしている姿は醜く、非難さるべきものでありましょうが、彼らの学んだ大乗経典の中から、悟りへの道を探し出すのが不可能な以上、これはある程度仕方がないと申しましょうか、むしろ宿命のようなものです。

しかし日本人は、けっこう信心深く宗教心の強い民族です。しかも戦後の混乱から立ち直って物質的にも少々豊かになった現在、ほんとうの信仰を求める人たちも多くなってきました。書店で宗教書が飛ぶように売れ出したのも最近です。こうしたほんとうに宗教を求める人にとっては、既存の慣習仏教が物足りなく感ずるのは当然です。

そこに新興宗教が入り込む隙があります。しかし残念ながら今の新興宗教は、こういった隙につけ込む物取り・金取り主義の教団が多いようです。彼らはまず人の弱点を強調し、その恐怖心を利用します。または集団の力による相互扶助により、現代社会の心の隙間とか社会的隔離感に力を貸し、共感を呼び起こします。しかし、これら新興宗教もその範囲にとどまり、人に大安心の境地を与えるには程遠いでしょう。少なくとも教祖といえる人は、小悟といえどもある程度の悟りを開いた人でなければだめです。力を持っていなければなりません。手を触れただけで盲人を開眼し、立てない足を立たせなければ、教祖を自称するのは口はばったいというものでしょう。

中国翻訳物の大乗仏教は、日本に伝来し日本で開花して現在に至っています。おおもとのインドでも、中継地の中国でも、また韓国でも、大乗は滅び、寺院は残っていても僧はほとんどおらず、ただの観光地となってしまいました。

では日本でも、大乗はやがて滅びるべき運命にあるのでしょうか。最初に申しました「大乗は滅びる」という本書のテーマは、果たして現実となるか否か……今後は、そのことについて話をすすめてゆきたいと思います。

2　大乗は滅びるか

今まで見てきましたように、ブッダの中心テーマから遥かに逸脱した大乗は、浮き草のように漂いながら根本原理を見出せないまま、近代物質文明の中に溶解する道をたどっているように見えます。現代日本の寺院を守るお坊さんたちが事実に感づき、宗教に対する新しい勇気を奮い起こさない限りは、一般民衆の宗教心が高まれば高まるほど、落胆され見放されて消滅の運命をたどるほかはないように思われます。

しかし、日本人の多くが仏教を見捨て、宗教心を失ってしまったらどうなるでしょう。信じる何ものもなく、物質文明の快楽のみが唯一の真実となれば、世は再び暗闇の中に閉ざされ、人々の心は迷い、永い地獄道に陥るほかはありません。

大乗の救いは、唯一御仏《みほとけ》の慈悲にすがるというものでありました。ただしこれは大いなるメリットです。かの偉大なるブッダのその一面であるとはいえ、その偉大なる一面にただひたすらおすがり申すというのでありますから、たとえそれがブッダの教えの真実からみれば少々縁の薄いものであったとしても、なおかつ何百年の歴史に耐え得るものでありました。

日本がアジアの国々にさきがけて近代国家となり、国力、経済力において西欧列強と肩を並べることができた理由の一つに、大乗の柔軟性、自由な考え方、他を受け入れる心が大きく作用しています。たとえば、戒律の厳しい宗教では、その厳しさが厳しいほど他宗教を受け入れる余地がありません。それは同時に、他文化も受け入れる余地がないということになります。

今日ほど交通・交信のメディアが発達した近代社会においてさえ、世界人口の半数以上の人々が自己の宗教に固執してその因習を守り、他文化を寄せつけず、そのために憎み合い戦っています。大乗と小乗を比べても、小乗のほうがより宗教的に自己完成を主題としていますから、その分だけ因習にたより、排他的になります。

ただ、御仏のお慈悲にたよる大乗では、悪人なおもて救われるのでありますから、何をしようがかまわない……神仏を合祀しようが、きょうは子供を連れて教会の幼稚園でクリスマスの聖歌を歌い、あすはお坊さんを呼んで先祖を供養し、昼はイースターのチョコレートを食べ、夜は正座して「般若心経」を写経しても、いっこうに良心の呵責はないのであります。いわゆる弥陀の本願により、すべての人間は救われるということになっているからです。

この大乗の柔軟性は利点であり、同時に大きな落し穴であることは、私たちがこれまで見てきたところです。この利点が大きく作用して、たとえば明治維新において、日本が西欧の文化をいともたやすく受け入れ、また消化し、何の宗教的抵抗も感じずにアジア人として最初に西欧文化に同化しました。それゆえに経済的発展を容易にして、日本人だけではなく、当時ほとんどがイギリス、オランダ、スペイン、フランスの植民地となっていたアジアの人々をどれほど勇気づけたか計りしれません。

東郷元帥がロシアのバルチック艦隊を破った時、これに驚いたのはアジア人だけではなく、いちばん喜んだのは、当時ロシアの侵略に苦しんでいた東ヨーロッパの国々でした。北欧のノルウェーではさっそく「トーゴー」というブランドのビールを造り、その後も売り栄えて、最近では日本の酒屋さんでもお目にかかれるようになりました。

この勝利により日本はアジア人で初めて一等国民になりましたが、その後のアジア人に対する欧米人の扱いは、たとえば飛行機が空港に着くとまず白人が立ってゲートを出ます。アジア人はそのあとに長い列を作って小さなゲートに並ばねばなりませんでした。日本人は一等国民になっていましたから白人同様に扱われ、第一ゲートから出ることができましたが、それを見たある中国人は、これら日本人に腹を立てたのでもなく妬んだのでもなく、「すごい！ 見よ、アジア人でも白人と同等に立っているではないか。我々にもその日は近づきつつある」と喜びの心に包まれた、と記しています。

3　大乗の柔軟性と日本人

今世界に生きる何十億の人口のそのほとんどは、何らかの宗教に属しています。歴史の古い民族・部族ほど、何世代かにわたるその宗教と因習に縛られて生活しています。

しかし、このような古い民族の中で日本人のみが、大乗の柔軟性のおかげでじつに無宗教的感覚で生活できているのです。

日本人ほど簡単に、何百年も続いた習慣を事もなげに捨て去る民族は少ないでしょう。たとえば、毎日お世話になるトイレ。ほんの十数年前まで、ビルを建てる時にトイレを和式にするか洋式にするかはノークエスチョンでした。全部和式でＯＫだったのです。ホテルは外国人が宿泊するので、まあ五つに一つ、張りこんでも三つに一つを洋式にする程度でした。

ところがどうでしょう。それよりずっと前から、若者向きに作られる分譲住宅やマンションは全部洋式に変わってしまっていたのです。その先駆けはラブホテルでしょうか。ラブホテルの利用者はそのほとんどが日本人のはずですが、もうずいぶん前から洋式が採用されていました。これから作られる住宅は、ホテルであれ豪邸であれすべて洋式に取って替わられるでしょう。

その間わずか三〇年、一世代に足りない年月の間に、日本人は二〇〇〇年続いた習慣をいとも簡単に捨ててしまうのです。

どうしてこのようなくだらない例をあげるのかと思われる方もおられるかもしれません。しかし体の習慣を捨てることは、心の習慣を捨てることよりほんとうは時間がかかるのです。日本人がこのようにいともやすやすと二〇〇〇年間の日常の体の習慣を変えられるということは、同時にもっとたやすく二〇〇〇年の心の習慣も捨ててしまう可能性を持っているというところに、問題があるわけです。

大乗の柔軟性はこのように諸刃の剣、大いなる利点と落し穴を兼ね備えています。今、ブッダに帰依し民衆の心の糧となるべき仏僧が正しい道を見出せないなら、三〇年を待たず民衆は弊履《へいり》のごとく仏教を捨ててしまうかもしれません。

しかしそれは我々の望むところではありません。宗教を失った民族は流浪の民です。たよるものなく何に拠って生きるのでしょうか。眼に映るものは欲望、栄華、快楽、それに続いて妬み、怒り、そして絶望です。

Ⅲ　キリストとブッダ

キリスト教の中心命題である「愛」について、それはあくまで自己愛ではないか、と申しました。しかしそれは、ブッダの教える「すべての執着からの解脱」と対比するとそうなるということで、自己愛であるかないかを問題にしているのでも、また自己愛であるがゆえに善であるとか悪であるとかを言っているわけでもないのです。

世界の苦しんでいる人々を助け、愛の精神に奉仕するクリスチャンのために、もう少し掘り下げてキリストの愛を考えてみたいと思います。

聖書を読んでみますと、キリスト教がなぜあれほど急速に、因習の強い古代社会において民族の違いを超えて広がっていったかということがよくわかります。

その第一のカギは、キリストが行なった奇蹟です。キリストは四〇日の試練を終えたあと、まず第一にされたことは奇蹟でした。

「イエスはガリラヤの全地を巡り、諸会堂で教えと福音を語り、民の中のあらゆる病気、あらゆる患いを癒された。その評判は全シリアに広まり、病み苦しむ者、悪霊に憑かれている者、てんかん、中風の者などがイエスのもとに集まり、イエスはそれぞれを癒されたのです。

こうしてガリラヤ、デカポリス、エルサレム、ユダヤおよびヨルダンの向こうからおびただしい群集が来てイエスに従いました」（マタイ伝第四章二十三〜二十五）

このように聖書のほとんどはキリストの行なった奇蹟——病いを治し、波風を止め、海上を歩き、五つ切れのパンで五〇〇〇人を満腹させるなどの記録で満たされています。これを目の当たりに見た民衆は、文句なしにキリストを神の子と信じたのは当然でありましょう。

キリスト自身も、バプテスマのヨハネが使者を送って、

「あなた様こそ私が待ち焦がれていた救世主、神の子でありますか」

と問い質したのについて、こう答えています。

「行って汝らの見聞きせしことをヨハネに伝えよ。盲人は見え、足なえは歩き、癩者は潔まり、耳しいは聞こえ、死人は生き返り、貧しい人は福音にさいわいされているではないか」(マタイ伝第十一章四〜六)

イエスは自分の行なった奇蹟をもって、自ら神の子であることの実証としたのです。

その二番目は、父なる神を信じることができる人々に贈られる幸福と、信じることができない人々に与えられる神の裁きです。これが有名な「悔い改めよ。神の日は近づいた」という預言です。すなわち、神による最後の審判は近づきつつある、今悔い改めなければ、すべてゲヘナ(地獄)の火に投げ込まれ焼き尽くされるであろう、という厳しい裁きです。

イエスは数々の力ある奇蹟を行なわれたのに(それを神の子の御業《みわざ》と信じず)悔い改めることをしなかった町々を責められました。

「禍いなるかなコラジンよ、ベッサイダよ、もしこれらの奇蹟がツロとシドンの町で行なわれたなら、彼らはただちに(信じて)悔い改めたであろうに。しかし今、汝らに告ぐ。裁きの日には汝らの町はツロ、シドンに勝る悲惨を見るべし」(マタイ伝第十一章二十一〜二十二)

ツロとシドンはともにソドムの町と同様、神の怒りに焼き尽くされた都であり、この最後の審判のようすはヨハネの黙示録に詳細に述べられています。

黙示録記者のヨハネはキリストの死後、ある時、神の呼び声に目を醒まされ、

「汝、この見聞きすることを誠に記し伝えよ」

と命じられました。すなわち、

「イエス・キリストの黙示。この黙示は神が、今ただちにも起こるべきことを民衆に示すため、キリストに与え、そしてキリストが御使により僕《しもべ》ヨハネに伝えられたものである。この預言を聞き知り、この言葉を守る者は幸いである。時は近づいた」（ヨハネ黙示録第一章一～三）。

これは、聖書で三〇ページにもなる長い記録でありますが、この時の神は口から刃を出し形相ものすごく、川は血に溢れ、山は裂け、人々は阿鼻叫喚の中に焼けただれ死んでゆきます。その中で、世界中でただ一四万四〇〇〇人の人々――ユダ部族のうち一万二〇〇〇人、ルベン部族の一万二〇〇〇人、カド部族一万二〇〇〇人、アシェル、ナフタリ、マナセ、シメオン、レビ、イサカル、ゼブルン、ヨセフ、ベニヤミンの各部族のそれぞれ一万二〇〇〇人のみが、イエス・キリストの十字架の印を捺され、その者たちのみが生き永らえることができることになります（ヨハネ黙示録第七章五～八）。

なぜならば彼らは迫害に耐え、イエスを信じ、イエスの愛を人々に及ぼそうとしていたからであります。

この記述は見者ヨハネの小説的作品ではなく、ヨハネが実際に見たまま聞いたままを記録したものですから、それは迫力があります。この最後の審判、ヨハネの黙示録はそのあまりの壮絶さに、セスチーナ礼拝堂のミケランジェロの壁画をはじめ、数々の芸術作品のテーマとなりました。機会があればぜひ一度お読みになってはいかがでしょう。

ヨハネは最後にこう記しました。

「見よ、神はすぐにも来るであろう。この預言を守る者は幸いである。時は近づいている。見よ、神は来る。報いを携えて、それぞれの仕業に報いよう。正しい者は皆、声をそろえて言った。〝きたりませ！〟」

「この書の預言を聞くすべての人々に私は警告する。もしこれに書き加える者があれば、神はこの書のごとくに災害を与えるであろう。またもし、この書の言葉の一部でも取り除く者があれば、その持てし徳さえ取り除かれ裁かれるであろう。この証しの業《わざ》をなす方は今申される。〝しかり、我今近づきぬ〟。主イエスよ！ 来たりませ！」（ヨハネ黙示録最終二十二章十〜二十）

奇蹟と、イエスを信じない異教徒に対する神の裁きの預言に、抗しきれるほどの信念を持つ人は希有ではないでしょうか。

人々の驚きと恐れのうちに、キリスト教は急速に世界に広がったのですが、ここに見落とせない重大なポイントがあります。それは、イエスが聖書の至る所を埋めるかの奇蹟を、ほんとうに行なったのかという問題です。日本人が教会に行って、聖書を手にしてまず疑問に思うことがこのおびただしい奇蹟の記録です。このへんでまず信じられずに教会を去る人もあるのではないかと思います。

そこでたとえば、教会で大声で説教している牧師さんにプライベートで会って、

「キリストは海の上を歩いたと書いていますが、牧師さんはほんとうに信じますか」

と聞いてみると、案外答えに窮する牧師さんが多いのです。

「まあ昔の話ですから」

とか、

「そんなことを信じるか信じないかより、キリストのおっしゃった愛の心をあなたはどう思いますか」

というぐあいに、はぐらかしてしまう牧師さんも多いのです。

しかし見てください。イエスがこれら記録されている奇蹟を行なったことには何の疑いもありません。歴史的に見て、イエスがこれら奇蹟を行なうことなしに他教に競り勝ち、神の子であることを実証する方法はどこにもなかったのですから。キリスト教が今、世界第一の宗教であるということそのものが、キリストの奇蹟の証しです。

さらに付け加えねばなりません。奇蹟を行なったのはイエスだけではなかったのです。もしイエスだけが奇蹟を行なえる人であり、十字架の上で死んでしまったとすれば、キリスト教はそのまま滅んでしまっていたかもしれません。しかしイエスはそのことを予見し、十二人の使徒にも奇蹟を行なう能力を授けました。

イエスは自分の死が近づいたことを知って、後事を託すため、

「十二人の弟子を呼び寄せて汚れた霊を追い出し、あらゆる病気、わずらいを癒す権威をお授けになった」（マタイ伝第十章一）

そして使徒たちに、

「さあ行って天国が近づいたことを宣べ伝えよ。病人を癒し、癩者を潔め、悪霊を追い出し、人々に福音を伝えよ」

と命じられました。


イエスの死後、これら使徒は全国に散って奇蹟を行ない、キリスト教を広めます。その一人ペテロは、生まれながらに足の立たぬ者をイスラエルの宮門の下で立たせてやり、集っていた一同に神の霊が下って、各々が知らない国の言葉を話して人々を驚かせ、またペテロはアナニヤの悪霊を倒します。また、一日のうちに三〇〇〇人の人がペテロの言葉を受け入れて、バプテスマ（洗礼）を受け入信します。このように、

「多くのしるしと奇蹟とが次々に使徒たちの手により民衆の目の前で行なわれた」（使徒行伝第五章十二）

まことに聖書に伝えるごとく、こういった証しと奇蹟なしに、当時凝り固まった宗教をそれぞれ持っている民衆を、迫害覚悟で改宗させることはとうてい不可能であったことは、明白であると言い切って間違いはないでしょう。

聖なる人、悟った人、神の子、宇宙と合体した存在、この人たちにとって奇蹟は当然であって、それを不思議と見るのが凡人です。イエスはメディテーションによって自己完成を遂げた聖者ではありませんでしたが、神の言葉により聖者となりました。イエスの口から出る言葉は人間の言葉ではなく、神の言葉であったのです。

イエスは自分の死を予見し、師の死を恐れうろたえる弟子たちを勇気づけて言いました。それは弟子たちがイエスの亡きあと迫害を受け、宗教裁判にかけられ司教たちの質問攻めに遭った時、どう答えればよいのでしょうかとの問いかけに対して答えられたのです。

「何も思いわずらうことはない。また、今それを考えることもない。もしお前たちの父なる神に対する信仰が正しいのであれば、その時思わず出てくる言葉は神の言葉であり、威厳に満ち、毒ある者を倒すであろう」（マタイ伝第十章十九～二十）

このように、悟りを開いた人の言葉は威厳に満ち、人々を感動させるのです。その道の聖者といわれる人々は、いろいろなところで共通しています。

イエスの教えとブッダの教えは、時代も五〇〇〇年近い差があり、その場所も何千キロも離れ、もちろん言葉も考えもずいぶん違っていたにもかかわらず、その教えと行動にたくさんの共通点があることに驚かされます。そのいくつかを拾ってみましょう。

1　食べもの

仏教では動物の肉は御法度《ごはっと》です。新鮮な野菜と穀類、果物が主食です。これは動物を殺して食べるという行為に対する嫌悪感からだけではなく、肉は血を汚し、メディテーションには不向きだからです。動物の血は人間の集中力を乱し、聖なる考えを阻みます。というより、正しいメディテーションをし意識が向上すると、皿に盛られた肉を見るだけで嫌気がさし、全然食欲が起こらないのです。

それに比べてキリスト教では、よく映画で見るように丸々と太った二重三重あごの牧師さんが、山のような子羊の肉を上等のぶどう酒を飲みながらおいしそうに食べているので、キリスト教では肉食は当然と思われています。

しかし聖書をよく読んでみると、イエスは一切、動物の肉を食べません。また使徒たちも肉は食べませんでした。

ある時（イエスの死後）、使徒パウロはヨーロッパのシモンという人の家に泊まって、その地方の人々に福音を述べていましたが、昼の十二時になり空腹になってきました。そこでパウロは、お祈りをしようと屋根の上に登って座っていたところ、急に眠くなり夢見心地になります。すると天が開け、大きな布のような容れ物が四隅を吊るされ降りてきます。その中には地上の四つ足や地を這うもの、空の鳥などの生きものの肉が入っており、声が聞こえます。「パウロよ、立ってそれらを食せよ」。パウロは思わず言いました。「主よ、それはできません。私は今まで、清くないもの、汚れたものは何一つ食べたことはありません」。するとその声は三度聞こえ、そのあと容れ物はすぐ天に引き上げられました（使徒行伝第十章十～十六）。

このように、イエスはもちろん、その使徒たちも、四つ足のもの、地を這うもの、空を飛ぶものの肉は口にしなかったのです。それはキリストの生きものに対する愛のためではなく、およそ聖なる人、神に仕える人、奇蹟を行なう人は肉を食べないのです。この話はご存知でしょうが、キリストの道を開いた野に叫ぶ者、バプテスマのヨハネは、ヨルダンの河岸に住みボロをまとい、蝗《いなご》と野蜜のみを食して預言を行ないました。

2　メディテーション

ブッダの悟りの中心課題はメディテーションでした。菩提樹の下で結跏趺坐してブッダは悟りを開きますが、キリスト教ではそのような瞑想的な行為はないように思われていました。事実、日曜日に教会に行きましても、荘厳なパイプオルガンと少年少女聖歌隊に合わせて讃美歌を歌い、牧師様の説教を聞いて、パンの一切れと、時によっては小指ぐらいの杯に赤ワインをいただき、少々のポケットマネーを寄付の小箱に入れて「アーメン」と言えばたいていい終わりです。

したがって、キリスト教には瞑想的修練は無関係と思っている人が多いようですが、じつは大違いで、キリストは立派なメディテーターでありました。

あれだけの証しをなし奇蹟を行なうには、ものすごいエネルギーを必要とします。キリストには大勢の民衆がぞろぞろとついて歩いていたものですから、なかなか休まる暇はありませんでした。ある者はキリストの奇蹟を見ようとし、ある者はその説教に聞き入ろうとし、またある者は自分自身やその身内の者の病いを癒してもらおうとして、ぞろぞろとキリストのあとについていてなかなか離れませんでした。キリストはこういった時は必ず時間をみつけて、ただ一人ひそかに神に祈りを捧げました。

ある時イエスは、イエスを求める五〇〇〇人の民衆に囲まれ、これらの中の病人をことごとく癒したあと、五つ切れのパンを割いてこれを籠に満たし、全員満腹にさせて大満足を与え、やっと彼らを解散させました。そしてイエスは、

「群衆を解散させたあと、祈りのためひそかに山に登られ、夕方になってもただ一人そこにおられた」（マタイ伝第十四章二十三）

こういったイエスの行動は聖書の中に何回も出てきます。イエスは群衆と別れてから「祈りのため山に退かれた」（マルコ伝第六章四十六）。また「イエスは昼のあいだ宮で教義を述べ、夜は出て行ってオリヴという山で夜を過ごしておられた」（ルカ伝第二十一章三十七）。

イエスは山でただ一人、弟子たちさえ寄せつけず何をしていたのか。イエスは神の子、すなわち自分の意志ではなく神の意志によって生を受けたもの。したがって自己修養などしなくとも、神の右の座に列する人であったはずです。しかしイエスも人の子、神と自分一人で対話する時間を必要としたのです。

悪霊を退け難病を癒すにはエネルギーが要ります。聖書の記録は、十二人の弟子たちがいろいろな迫害に遭いながらキリストとともに行動した言行録ですから、相当真実なものでしょう。

その一つがこれです。いつものように大勢の群衆がイエスに押し迫りながらついていました。その時イエスは、ふと自分の内からエネルギーが流れ出したのを感じ、群衆に言います。「今我に触りしは誰か」。弟子たちはびっくりして、「こんなに大勢の群衆がいますから誰が触ったかわかりません」と答えました。しかしその群衆の中に、長い病いで弱り切ったひとりの女がおり、もしや治してくれたらと願いつつキリストにさわったのですが、キリストの言葉に驚いて「私です、すみませんでした」と名乗り出ます。イエスは微笑して「娘よ、汝の病いは失せたり」とおっしゃいました（マルコ伝第五章三十〜三十四）。

このように人を癒した分、自分のエネルギーは出て行きます。そのためイエスはひとり静かにメディテーションをし、神との交信の中で新しいエネルギーを得る必要があったのです。

今、カソリック教会の奥の奥で、このメディテーションについて深い研究が進められています。カソリック教会の相当上位におられる聖女にお知り合いがいれば、一度聞いてみてください。彼らは真剣にメディテーションと神の証しに取り組んでいます。

およそ人の心と体の病いさえ治すことのできない人は、聖人とは言えないといえましょう。

3 偉大なるリナンシェーション（出奔）

ブッダの歴史のスタートは、「偉大なる出奔」と呼ばれる行為です。すなわちブッダは、大切に育てられてきた王城を捨て、父母の愛情を切り捨て、妻をはじめ後宮の女官何十人を捨て、ただ一人、一銭の金も持たずひそかに苦難の道へと脱出します。これだけのことをできる人は少ないでしょう。ブッダはもうこの時点で、あらゆる俗欲から解脱する〝ブッダ〟そのものに近かったはずですが、そのあと六年も苦労し研鑽して、ついに悟りを開きます。

キリストは生まれながらに神の子として祝福を受けていたとされますが、これは事実かどうかわかりません。あるいは、あとで作った話かもしれません。なぜならば伝記を書いた弟子たちは、そのころはキリストとともにおらず、イエスがキリストとなってから行動をともにしたに過ぎないからです。

キリストもおそらく人の子であったでしょう。しかし限りなく神に近い人の子であったがゆえに、ある時神の声を聞き、父母を捨て兄弟姉妹を捨て（イエスには六人の兄弟姉妹がありました）、荒野にさまよい出ます。

イエスは自分の父母兄弟姉妹を捨てたのみならず、その弟子たちにも潔く父母を捨てることを強調します。十二使徒となった最初の弟子は、湖に網を打ち魚を獲る漁師、シモンとアンデレです。

キリストが二人に「我に従え」と言いますと、二人はただちに網を捨て家を捨てて、爾《じ》来《らい》一生キリストに仕えます（マルコ伝第一章十六〜十八）。

またある時、道を求めイエスに従おうとする弟子のうちの一人が、

「主に従います。しかしきょうは父が死んだ日なので、一度だけ家に帰らせてください」

と言いました。すなわち、

「主よ、まずわが父の葬りのための時を与えかし。そのあとただちに従わん」

と。イエス答えて、

「今、我に従え。死人を葬ることは死人に任せるべし」（マタイ伝第八章二十一〜二十二）

イエスはブッダと同じく、一片の執着、父母に対する愛さえも神の道には不必要と説きました。

もう一つ追加します。

ある時ペテロがイエスに「私たちはすべてを捨ててあなたに従いました」と言った時、イエスはペテロを認めて言われた。「我今、汝に告ぐ。およそ我のため、また福音のため家、兄弟姉妹、母、父、子または畑を捨てる者は、必ずその百倍を受けるであろう」。また「神の国のために、家、妻、兄弟、両親、子を捨てる者は、永遠の生命を受けるであろう」（マルコ伝第十章二十八～三十、ルカ伝第十八章二十九～三十）。

こうして二人の聖者は、ともに親子兄弟の愛を断ち切り、悟りの道、神への道へと入っていったのでした。

ブッダの母に対する感情と、キリストの母に対する感情は、ともに驚くほど近いものがあります。母に対する情は、古今東西およそ男にとって特別のものであります。

しかし、悟りに母の愛情は邪魔です。ましてや女の愛は無間地獄です。

ブッダが城を出て数十年が経ち、ブッダの名が各地で有名になってくると、母と妃はブッダに会いたがりますが、ブッダは長くこれを拒否しました。

ブッダはもともと、女性が仏教に帰依することを拒否したのです。女性は女性としての使命、子を産み育てるという使命があり、それ自体が天地自然の法でありますから、あえてその法を破り悟りを開く必要はないと考えていたからです。女はむしろその性のためもっとも神に近い者であり、逆に男は女により悟りの道を邪魔されるケースが多いからです。

しかしブッダも、自分の死が近づくころ、ついに母と妃たちの帰依を認めます。比丘尼《びくに》となって仏に仕えることを許すのです。

イエス・キリストの場合もじつによく似ています。

イエスがまだ布教の途中、そのいちばん大切な時に、イエスの有名なのを聞いて母と兄弟が訪れました。すなわち、

「イエス群衆に教えを述べ給う時、母と兄弟がイエスを訪ねて会わんとした。〝見よ、主の母と兄弟が、主に会わんとして来りぬ〟」

そこでイエスは言いました。

「わが母とは誰か、わが兄弟とは誰か。見よ、今ここに集まる者たちこそわが母、わが兄弟である」（マタイ伝第十二章四十六〜四十九）

こうしてイエスは、自分の母、兄弟さえ拒絶します。

しかしついにイエスは捕えられ、十字架にかけられ、その衣は四つに裂かれて兵卒に渡され、よろめきつつ刑場に向かう時、跪《ひざまず》く群衆の中に母を見つけ、言いました。

「女よ、見よ、我は汝の子なり」（ヨハネ伝第十九章二十六）

ここで初めてイエスは、母を母として認めるのです。

4 戒律

ブッダの戒律についてはすでに述べましたが、それは厖大で、各階層、程度につれてきっちり定められています。しかし我々が注意するのはその一番目の一般の人々、すなわち一般社会人が守るべき戒律、いわゆる五戒です。それは、殺すな、盗むな、嘘をつくな、邪淫を犯すな、酒を飲むな、の五つです。

キリスト教には有名な十戒というものがありますが、これはキリストのずいぶん以前、モーゼが定めた〝モーゼの十戒〟と呼ばれるもので、前四つは律法、あと六つは倫理に関するものです。

イエスはこのあとの六つを取り上げ、人々に教えます。すなわち、悩める青年の質問に答えてイエスは言いました。

「いましめは汝の知るとおりである。すなわち、姦淫するな、殺すな、盗むな、偽証を立てるな、父と母を敬え」(ルカ伝第十八章二十)

五つのうち四つまで同じです。一つないのは、酒を飲むな、です。父と母を敬えとは、さきほどの話と少し違うと思われるかもしれませんが、父と母を敬うことと、捨てることとは、同じ次元の意味ではないのです。ブッダも父と母を敬えと教えていますから、ここは同じです。悟りのためにその愛からは解脱しなければならないが、父母を敬うことを忘れてはいけないと言っているのです。

ではアルコールについては、双方はどうでしょう。その前に、十戒とイエスのいましめについて少し説明しましょう。

モーゼの十戒は、①神は唯一である、②偶像を拝するな、③神の名を乱唱するな、④安息日を守れ——以上が律法です。それから、⑤父母を敬え、⑥殺すな、⑦姦淫するな、⑧盗むな、⑨嘘をつくな、⑩貪欲に従うな——の十戒になっています。

イエスは人に道を説く時は、このあとの六つを教えました。ルカ伝では五つになっていますが、マルコ伝によると「殺すなかれ、姦淫するなかれ、盗むなかれ、偽るなかれ、欺き貪るなかれ、父母を敬え」（マルコ伝第十章十九）の六つになっています。

5　酒

こうして見るとブッダの教えとキリストの教えは、その倫理についてはまったく同じだということになります。ただ一つ違うのが、お酒に関することです。

アルコールについて、仏教はいろいろな宗教の中でも相当厳しい態度だといえます。わが国の神道では酒は付きもの、酒を神に捧げそのおこぼれを頂戴し、いい気分で酔うことができます。

しかしアルコールは人の神経を和ませ、陽気にする効果はありますが、深いメディテーションには不必要なものです。したがって、メディテーターたちはアルコールを飲みません。男も女もです。それは徹底しています。メディテーションを深めると、自然にアルコールも受けつける気がしなくなるのです。

今でも日本のお寺の入口には「葷酒《くんしゅ》山門に入るを許さず」と書いた石柱が多く残っていますが、このように仏教では酒は不用でした。

それに比べキリスト教では、ぶどう酒は付きもののように思われています。事実、ヨハネ伝によると、イエスが荒野より出てきた直後、ある婚礼の式に招かれ、人々がぶどう酒がなくて困っているのを見て、五斗も入る甕《かめ》に水を満たさせ、これを立ちどころにぶどう酒に変えます。

「このようにしてイエスはこの最初の奇蹟をガリラヤのカナで行ない、その栄光を示された。そして以来、弟子たちはイエスを信じた」(ヨハネ伝第二章十一)となっています。

最後の晩餐の時も、料理はパンとぶどう酒でした。イエスは弟子たちに、

「この酒はわが血と思え、このパンはわが肉と知れ」

と言って与えます。

今でも教会に、日曜日の朝の礼拝に入って行きますと、誰にでもパンの一切れと少しの赤ワインを出してくれるところがたくさんあります。

このようにキリスト教では、アルコールはどんどんどうぞと言ってくれているようにみ

えるのですが、ほんとうはイエスもその使徒たちもほんのちょっぴりしか飲まなかったようです。一般の人たちにも「大酒を飲むな。酒は人の良心を奪う」と警告しました。

パウロは「ローマ人への手紙」の中で、守るべきこととして「宴楽と泥酔、淫乱と好色、争いと嫉みを捨てよ」（ローマ人への手紙第十三章十三）、また「嫉み、泥酔、宴楽を行なう者は神の国を継ぐことはない」（ガラテヤ人への手紙第五章二十一）、また「酒に酔ってはいけない。それは乱行のもとである。むしろ聖霊に満たされ、心から讃美の歌を歌いなさい」（エペソ人への手紙第五章十八〜十九）。

またある時、使徒パウロは最愛の弟子テモテへの手紙でこう書きました。

「これからは水ばかり飲まないで、胃のため、およびその弱さをいやすため少量のぶどう酒を用いなさい」（テモテへの第一の手紙第五章二十三）

これは、テモテが弱い胃に疲れているのを心配した手紙ですが、これを見ても使徒たちはアルコールはほとんど取らず、薬用の意味で少量を飲んでいたものと考えられます。

ともかくわが国神道の酒とは考え方が全然異なり、むしろブッダの考えに近かったものと思われます。

もしイエスのアルコールに関する考え方がこのようなものであるならば、ブッダの教えとイエスの教えは、その論法においてほぼ一致するのです。

6　聖者の死

ブッダとキリストの死の周辺について、幸いにしてアーナンダも十二使徒もこれを美化することなく、ずいぶん率直に書き残してくれました。ともすればすべてが美化される偉人の伝記、言行録で、その反対の一面を書き残したのですから、誠に真実の話と考えて間違いないでしょう。

ブッダの死の周辺については、中村元訳『ブッダ最後の旅』（岩波文庫）という本に詳しく書かれています。キリストの死の前後については、これは師と行動をともにした使徒の資料をもとに、比較的早く作られた記録ですからより真実性があります。

なぜ彼らはこれを美化しなかったか。それは、これを美化させない権威がキリストにもブッダにもあったのでしょう。キリストを書く時、ブッダを書く時、彼らは一言の嘘も書けなかった。また、省略して暗闇の中に覆い隠すこともできなかった。そして書き残されたキリストとブッダの死の周辺は驚くほど似ています。

イエスもブッダもともに、自分の死を相当早い時期に予見します。これは一般人でも、偉人とされる人の中には自身の死を予見する人が多くいます。死を予見してからのブッダの言行はすでに書きましたが、『ブッダ最後の旅』の一節を紹介し、もう一度要点を思い出してみましょう。

聖なる人、偉大なる人の最期というのはやはり物凄いものです。ブッダ最期の瞬間も、一天にわかにかき曇り、地を割る大地震とともに雷鳴が轟き渡りますが、ブッダがその死を最初に予見したのは、遊女アンバパーリの林の園で豪華なもてなしを受けたあと、ベールバ村で雨期を越そうとしていた時でした。

死ぬほどの激痛がブッダを襲いますが、まだその時は、ブッダは人々のために今しばらくは生き続けようとその病いを退けます。そしてアーナンダに言いました。

「アーナンダよ、私はもう老い朽ち、年を重ねて老衰し、人生の旅路を通り過ぎた。私はもう八十歳である。ちょうど古ぼけた車が草紐の助けによってやっと動いているように、私の体もやっと保たれている」

さすがのブッダもこう言わねばならぬほど疲れていたのです。しかしブッダはなお伝道を続けようと思い、アーナンダに謎をかけます。

「アーナンダよ。この世は美しく、この霊樹の下は楽しい。もしまことの聖者が望むならば、寿命のある限りはもちろん、それを超えてもこの世に留まることができる」

しかしアーナンダは師の暗示を理解できず、

「尊い方よ、どうかもっと長くこの世に留まり、人々の幸福のため、憐れみのため、お力をお与えください」

と言って師に懇願することをしませんでした。

そこでブッダは三度、まったく同じ言葉を口にされたが、アーナンダはあらぬ方角を見つつポカンと口を開けたままだったので、ブッダは仕方なく、

「もうよいアーナンダよ。お前の好きな所で休みなさい」

と言います。アーナンダはお許しが出たので喜んで師に敬礼し、師の傍を去り、近くの樹の根元に座り休息します。

これを見て死霊がただちにブッダに近づき、

「尊き方よ、今こそ尊師のお去りになる時です」

とブッダの覚悟を迫ります。ブッダも今は抗するすべなく、

「悪しき者よ、今我、汝に告ぐ。今より三カ月後、我はこの世に別れるであろう」

と答えました。

そのあとブッダはさらに巡行しながら説教を続け、最後の地ウバヴァッタナの二本並んだサーラ樹（沙羅双樹）の下に身を横たえます。ブッダはその前、パーヴァーの街で鍛冶エチュンダの心づくしの手料理のうちキノコ（肉？）で作られた料理を自分だけ食べてたいへんな腹痛を起こし、血を吐いて弱り果てていたのです。

あわてふためくアーナンダが、

「尊い方よ、どうか命ある限りこの世に留まり、人々の幸福のためなお力をお貸しください」

と三度も懇願しますが、ブッダは、

「アーナンダよ、もう今はそれを言うな。もしあの時、お前が同じ言葉を三度続ければ、私は二度は聞き流しても三度目には応じていたであろうに。お前は私の暗示を洞察することができなかった。これはお前の罪であり、お前の過失である」

と静かにブッダの死を受け入れるようアーナンダを諭します。

このあとブッダは死の床にありながら、異教の修験者スバッダがブッダの説教を聞こうと駆けつけたのに対し、力を奮い起こしてブッダの道を説き、開眼させます。これがのちの尊者スバッダで、ブッダ最後の直弟子でした。

ブッダの最期は、淡々と状況が述べられているにもかかわらず感動的です。詳しくは岩波文庫『ブッダ最後の旅』をお読みになることをおすすめします。

もう一度ブッダ最期の言葉を書きましょう。

「そこでブッダは弟子たちに告げた。

『さあ、道を求める者よ。お前たちに告げよう。すべての事象は過ぎ去るものである。怠ることなく励み努めなさい』」

これがブッダの最後に残した教えでした。

これに対して、イエスが死を予見してからの行動はどうであったでしょうか。

イエスにとって自分の死は神の御心であり、その死によってのみ自分も人々も生かされ、神の栄光が広まり伝えられることは十分承知の上であり、受けねばならない苦い杯であったはず。当然というか、十分覚悟はできていたはずなのに、いざその時に直面して迷います。

このイエスの死の周辺については、マタイ伝とルカ伝に詳しく書かれているので、以下マタイ伝とルカ伝から、何が起こったか読んでみましょう。

イエスは死期の近づいたのを悟り、十二使徒とともに最後の晩餐を用意します。

「私は苦しみを受ける前に、お前たちと過越《すぎこし》の食事をしようとせつに望んでいた」

そしてパンを分け、杯を回して血の契約を立てられ、イエス亡きあとの注意を述べられました。

そしてペテロが立って、

「主よ、私は獄にでも、死に至るまでも、あなたとともに行きます」

と大声で言ったのに対して、イエスは、

「ペテロよ、今朝鶏が鳴くまでに、お前は三度私を否定するであろう」

そしてさらに言いました。

「私はつねにお前たちを、財布も食べ物の袋も靴も持たせずに遣わした。それでお前たちが困ったことは一度もなかったはずである。しかし今は別だ。財布も袋も持って出よ。さらに剣のない者は自分の上着を売ってでも買うがよい」（ルカ伝第二十二章三十五～三

十六）

しかし弟子たちは、この大切なイエスの言葉の意味を理解できず、

「主よ、ご覧なさい。ここに剣が二振りもございます」

と答えました。イエスは仕方なく、

「それでよい」

と声を落として答えます。

そのあとイエスは弟子たちを連れてゲッセマネに行く途中、悲しみを催し、また悩みはじめられました。そして言われました。

「私は悲しみのあまり死ぬほどである。（私をひとりにするな、私が祈っている間）ここに待って、目を覚ましていなさい」

それから石を投げたぐらい遠い場所まで進み、苦しみ悶えてせつに祈られた。

「わが父よ、もしできるものならどうかこの杯を取り去り給え。もちろんわが意志によるものではなく神の御心に従い奉る」

そしてやおら弟子たちの所に戻って来てみると、皆グウグウ眠っていたので、さすがのイエスも、

「お前たちはひと時さえ（私のことを心配して）目を覚ましていることができなかったのか」

と言われ、

「お前たちよ、闇の誘惑に陥らないよう（私のために）目を覚まして祈っていなさい」

とおっしゃり、再び行って神に祈られます。

「わが父よ、もしこの杯を飲む以外に道がないなら、神の御心のままに行なわれますよう」

この祈りを終えて戻ってみると、弟子たちはまたグウグウ眠ってしまっていました。イエスはそれを見て、三度行って祈られたあとまた戻って来られたが、まだ皆が眠っているので言われました。

「お前たちはまだ眠っているのか。見よ、時が迫った。人の子は罪人らの手に渡されるのだ」

とたんに、裏切者のユダを先頭に、祭司長に連れられた民衆が剣と棒を持ってなだれ込んで来ました。弟子の一人が剣を抜き、

「主よ、剣で切りつけてやりましょうか」

と言って、祭司長の僕《しもべ》に切りつけ右の耳を切り落とします。しかし、たった二振りの剣ではとうてい防ぎきれないことを知ったイエスは、

「それだけでやめなさい」

と言われ、その僕の耳に手を触れて元どおりにされたのです。

アーナンダといい十二使徒といい、師の死の瞬間において師の心を理解できなかったとは残念なことです。しかもあれだけ慕い愛し、長らく行動をともにしながら、いちばん大切な死に直面している師の心を察し得ない弟子たちの話が、五〇〇年も前後するブッダとキリストの周辺に起こったということは、その後二〇〇〇年の今日に至るまで、まったく同じことが師と弟子、親と子、友と友の間に気づかず起こっているのかもしれません。

7　再びキリストの愛について

キリストの愛は神の愛であり、神に対する愛であり、また同朋に対する愛です。それは純粋で力強い、積極的な愛です。イエスは、「汝の敵を愛せよ」と宣《の》べ、その愛を異邦人から敵対する人にまで広げました。

しかし、父なる神を愛さない人たちには剣を向けます。また、悔い改める者は救われるが、悔い改めない者は神の裁きを受けます。

イエスは使徒が布教の地方を回るのに注意して「もし村人が汝を迎えず、話を聞かないならば、抗議のしるしに足の裏の塵を払い落とせ」（マルコ伝第六章十一）と教えます。

また聖書に出てくるただ一回のイエスの呪いですが、ある時イエスはエルサレムからベタニアに移られる途中、空腹をおぼえてイチジクの木に近づき、果実を探したが、葉ばかりで実がなかったのでその木に向かい、「今より後お前の実を食べる者はなし」と言われ、その木は二度と実を実らせることはなかった（マルコ伝第十一章十二〜二十）となっています。

　このへんも、キリストの愛と関連してわかりにくいところです。

　しかしいずれにしても、キリスト教の中心は愛です。仏教の般若心経に〝無〟という字が山ほど出てくるように、新約聖書は〝愛〟が強調されています。その愛の中の愛、愛の最高についてイエスは人に答えて言いました。

「『心を尽くし、命を尽くし、思いを尽くして、主なる神を愛せよ』これが第一の戒律である。第二の戒律は『自分を愛するように汝の隣人を愛せよ』。これより大事ないましめはほかにない」（マルコ伝第十二章二十九〜三十一）

　この力強い言葉を耳にし聞く者は感動します。思うにキリストの愛は――ブッダの慈悲のごとくに宏大無辺で衆に及び、敵も味方も、父なる神を信じる者も信じない者も、ともに愛し助けようとするものですが、イエスとその追随者であるクリスチャンたちの愛を受け入れることのできない人々、すなわち悔い改められない人は、これを助け出そうとする人々の慈悲にもかかわらず天の裁きを受けることになる――というものではないでしょうか。

　パウロはローマ人に宛てた手紙でこう書きました。

「あなたを迫害する者を祝福せよ。呪ってはならない。喜ぶ者とともに喜び、泣く者とともに泣くがよい。悪をもって悪に報いず、すべての人に対して善を尽くせ。できる限りの人たちと平和を保つよう努力せよ。ああ愛する人たちよ、自分で復讐をせず、復讐は神の怒りに委《まか》すべし。もしあなたの敵が飢えるなら彼に食わせ、渇くなら彼に飲ませよ。それによりあなたは頭の上に善を積むことになろう。悪に負けてはいけない。かえって善をもって悪に勝つべし」（ローマ人への手紙第十二章十四～二十一）

（キリストについては、ヘーゲルの名著『キリスト教の運命と精神』で「生」の弁証法を用いて明らかにしています）

Ⅳ　仏教と健康法

1　からだの救済（メディテーション）

ここでちょっと、宗教と健康について述べてみたいと思います。人はなぜ宗教に興味を持つのでしょうか。その第一は自分の悩みを宗教によって解き放とうと願うからです。その最初は、心の悩みです。次は身体の悩みです。この二つが結局、一つに集約される理由はあとで明らかにします。

老化し、病んで死にゆく人間の宿命は避けることができません。老化してゆく自分を見ることは苦しいことです。しかし、これを避けようとすれば、三島由紀夫のように、力溢れる頭脳と肉体を自らの手で断つ以外に方法はありません。どのような達人も老い、死に至ります。

それでも老いは誰にも共通のものですから、個人差はあってもあきらめはつきます。いちばん困るのは病いです。若くして不治の病いになった人は、なぜ自分だけがこのような苦しみを受けなければならないのかと天を恨みます。戸外には青葉がしげり、小鳥はさえずり、さんさんと照る太陽の下で、同じ年代の人やもっと年寄りの人さえ人生を楽しそうに送っているのに、どうして自分は腕に注射針をつけて暗い病いの床に臥せっておらねばならないのか。人間にとってこれほどの不幸はありません。

もし宗教がこれらの苦しむ人々の光明となることができないなら、もしそれがお前の前世の因縁だからせいぜい苦しむがいいなどとのたまうなら、あるいは、さっさと悟って死の恐れを乗り越え、極楽に生まれ変わるよう懺悔《さんげ》したほうがよいと教えるのなら、人は迷いに迷って成仏のしようがありません。

過去において、宗教はそんなものではありませんでした。病む人の中に住む悪魔に対してキリストが「悪魔よ去れ」と命じたとたんに、病魔はその人から出て海に飛び込み、躄《いざり》は立ち上がり、盲《めしい》は眼を開き、キリストの偉大さをたたえました。だからこそ人々はキリストを神の子と認めたのです。悪魔に命じ、これを征する。これは神の子にして初めてなし得る業《わざ》です。

キリストによって祝福された使徒たちは、皆この力を持ち、それによってキリスト教は世界に広がりました。

一方、ブッダが病人を癒したという記録は、小乗の仏典によってもあまり見当たりません。ブッダはむしろ、人々の心の悩みを解き放した話のほうが主体になっています。

しかしブッダが興した仏教が、肉体的な病いに対しても偉大な力を示したことは、ブッダの教えを実行した仏徒の言行において明らかに証明されていきます。

キリストは神の力によって悪魔を追い出し、躄を立たせ、盲の眼を開かせましたが、ブッダは本人の心を正すことによって病いを追い出します。これを内観の法といいます。

2　禅と公案

白隠は臨済宗中興の祖といわれています。

さびれて人の訪れもまばらとなった臨済宗の小寺に、あっという間に門前市をなす人々が集まりだしたのは、白隠の教える健康法によって病める人々がことごとく救われはじめたからでした。

ここで少し禅宗について話しましょう。

禅宗には二つの大きな流れがあります。一つは栄西禅師によって興された臨済宗。もう一つは道元禅師による曹洞宗です。

ブッダの教えはまずインドで盛んになり、五〇〇年ほどして中国に到来します。ここで中国のいわゆる中華思想の影響を受け、各宗派が出来ました。

それから数百年ののち、日本の仏徒が中国に渡って学び、恐れ慎みつつ持ち帰った仏典は、そのころ中国にあった各宗派の経典です。

曹洞宗の初祖道元は、三年間中国の曹洞宗の寺院で学び、曹洞仏典を持ち帰りました。臨済も基本は同じで、座禅を組んで悟りを開くことを中心としています。曹洞では座禅を組むこと自体を涅槃への入口と見ますが、臨済では座禅を組むと同時に、精神統一の便法として公案を練ります。

座禅を組むということはすばらしいことです。これによって精神統一を図ります。完全に統一できれば、たしかにブッダの境地に近づけます。しかしたいへん難しく、雑念が凡人の心に湧き上がります。

これに臨済は工夫を凝らして、公案を練るというアイデアを加えました。座禅を組んで導師から与えられた問題の答えを考えるのですが、これがたいへん難しい。有名な問題は大道無内観に四八も出ていますが、いくら考えてもとても解けないように出来ています。

たとえば、がけから突き出た枝を口でくわえて、ぶら下がった所へ導師が下から「仏性とは何ぞ」と質問します。「さぁ早く答えろ、答えなければ蹴落とすぞ」とわめきます。答えないと蹴落される。口を開けば谷底に落下する。さぁどうする、という公案です。

また、南泉斬猫という有名なのもあります。

ある日、北寮と南寮の坊主たちが集まって、猫に仏性有りや無しやということをガヤガヤ論じていました。それを聞いた南泉和尚が、大きな猫をぶら下げてやって来ました。

「さぁ皆々ども、現物の猫を下げてきたぞ。これに仏性有りや無しや、すぐ今答えろ。正しく答えなかったら、この猫の首を切り落とすぞ」と和尚はどなります。猫が殺されては可哀相と、皆それぞれ必死に答を探しましたが、和尚は気に入りません。あっという間に大なたで猫の首を切り落とした和尚は、血のしたたるまま、どかりと切株の上に猫の首をのせると去ってしまいました。

猫は牙をむき、目をカッと開き忿怒《ふんぬ》の形相ものすごく、皆々をねめつけています。これではどうも仏性などありそうもないなどと話し合っているところへ、一番弟子の趙州がぶらりとやって来たのでこの質問を投げかけると、やにわに趙州は草履を脱いで頭に乗せ、さっさと出ていきました。

これを聞いた南泉和尚は、

「惜しいことをした。もし趙州が早く来ていたら、猫の首をはねずにすんだものを」

と言ったという話です。

さて、ところで猫に仏性の有りや無しや、また草履を頭にのせた意味はいかに、これを考えろという公案です。

こんなことを朝から晩までやるのですから少々頭もおかしくなる。しかしこれを解かないことには認められないのです。ところが不思議なことに、これを考えに考えた末、フッと悟りを開いたとたんに、これが解けるようになるのです。

3 〝内観の法〟を受ける

白隠禅師は十五歳で出家し、二十歳を過ぎたころから昼夜を問わず座禅して公案を練っていたところ、ある日忽然と悟りを開いた。すると、今まで疑問に思っていたことが、ことごとく解決し、生まれ変わり死に変わる人間の苦しみまで氷がとけるように無くなってしまったのです。

（人は二〇年三〇年座禅を組んでも、なかなか悟りに達しないというのに、自分はたった三年ほど精根つめただけで悟ることができた。なんとうれしいことだ）

それ以来白隠は、足が地につかぬほどうれしく、幸福の中におりました。

ところが数カ月するうちに、なんだかようすがおかしい。自分はほんとうに悟ったのだろうかという疑問がわいてきて不安になります。これではいけない。もう一度、一から出直そうと決心した白隠は、こんどは前回よりもっと厳しく、食事することすら忘れて座禅に取り組みました。ところがそうしているうちに、悟りを開くかわりに大病を得てしまいます。今でいえば肺病と腎臓病と肝硬変を合わせたようなものでしょう。

そこで白隠は名医という名医を訪ね、名薬という名薬を飲んでみるのですが、だんだん悪くなるばかり、とうとう医師にも見放されます。もういよいよダメと覚悟を決めた時に、ふと白川の奥山に住む仙人が健康法を教えてくれるという話を聞いて、そこにたどり着き、三拝九拝して秘術を受けこれを実行したところ、たちまち効果があらわれて、数カ月も経たぬうちに元気になったというのです。

白隠はこの秘術を寺に帰って人々に教えたため、たちまち大勢の信徒が集まってくるようになり、臨済中興の祖とあがめられています。これが白隠の「内観の法」といわれるものですが、もともとブッダの教えであり、今でも小乗の国々ではふつうに行なわれている精神統一の一法です。

小乗経典のない日本において、白川山頂の白幽仙人がどうしてそれを知っていたのか不思議です。しかし白隠の時代はすでに江戸時代ですから、海外との交流もあり、あるいは小乗の国の行者がなにかの機会に伝えたものかもしれません。

4　白隠（その二）数息《すそく》観

ところで白隠の健康法は二つに分かれます。その一つが数息観、梵語でアナパナ(ānapāna)。漢語で安那般那といわれる精神統一法です。

白隠はこう教えます。まずできるだけお腹を空かして、静かに端座し、出入りする息を数えます。静かに静かに一から一〇、一〇から一〇〇、一〇〇から一〇〇〇、と数えていくと、世界は動きを止めたように静まり、落ち着きます。これを長く続けて練習すると、息はほとんど動かなくなり体中の毛穴で呼吸が行なわれているような気分になります。体の中はまったく空《から》になり、とどこおる所がなく、血液は順調に体中を巡り、いつの間にか病源を取り除いてゆくわけです。

これはサヤジ=ウバキンの「テン・デイズ・メディテーション」で最初の四日間に行なう「アナパナ・メディテーション」のやり方とほとんど同じです。

鼻の中を通る息を観ずることは雑念を取り払う上で非常にやさしく有効な方法で、まずこれによって深い瞑想を得、それから「ビパサナ・メディテーション」に移っていくのです。

じつはこれがブッダが教えた悟りへの道の中でも非常に重要な部分となっているのです。白隠も知ってか知らずか、次のように言っています。

「この私の健康法はただ単に病気を治すためのものではなく、これを行なうことによってより早く悟りへの道を進めるのである。座禅して公案を練るのもよいが、しばらくこれを忘れてもよい。むしろこの内観の法を行なうことによって、体が良くなり、心に力がみなぎり、正邪の区別が明らかになり、さらに精進することによっていちばん早く悟りに近づく」

西欧では心と体は別々であって、体に住む悪魔を追い出せば、心はもとのままでも病いは治るのですが、東洋では心と体は一つで、心を正しく落ち着かせ、気を足心（足の裏）まで押し下げて瞑想すれば、病いは自然に治るものだとしているのです。

この白隠が言っている中に重要なポイントがあります。荘子が『内編』で「真人は踵を以て息し、衆人は喉を以て息す」と書いていますが、白隠はこの言葉を大切にしています。要するに、足の裏で呼吸をすること、これを足心呼吸といいますが、ただ健康だけでなく、動かざること山のごとき大人物を作るうえにも、この呼吸法が大切だとしているのです。

具体的にはどうするかといいますと、まず仰向けに寝て足をぐっと伸ばし、全身の気を気海丹田に集め、次に腰足に満たし、さらに足の裏に移す。天地の気力をわが身にみなぎらせたと瞑想すれば百病を癒すということです。

「もし君たちがこれをやって、その病いが治らなかったら、この白隠の首を持って帰ってもよい」

と言っているほどですから、たいへんな自信です。

昔から中国にはいろいろな長寿法がありました。そのどれもが目的としているのは、神仙錬丹の法と同じように、すべての気を丹田に集中しさらにこれを押し下げて、足の裏に至らせるという、血を下へ下へと下げてゆく方法です。

荘子『外編』には黄成子仙人の話が出ています。黄帝（伝説上の帝王）は、得るべきものはすべて自分のものとし、あとは命だけが欲しくなった。そこである日、空同山に仙居する千二百歳といわれる黄成子仙人に会いに行きました。ところが仙人は皇帝を見るなり、「この凡人め」と一喝して教えてくれない。帝はしかたなく宮廷に帰って数カ月の間、斎戒沐浴、飲食を慎み、身心を清めて再び仙人を訪れ、九拝してやっと内観の法を教えてもらったということです。

皇帝でさえこれほど苦労して得た内観の法を、一〇〇〇円前後のお金で本を買えば、やさしく手に入れることができますから、現代はありがたい時代です。

この白隠の内観の法（数息の法も同じ）は現在に至るまでいろいろと研究され、発達し、今日ではさまざまなグループが実行し効果をあげています。

5　内観の具体的手法

まず座り方は正座でも椅子でも、半跏でも結跏趺坐でもよいのですが、気を送る時、足を組むと気が交差してイメージしにくいので、やはり正座がいちばん多く取られています。なるべく静かなところで、なるべくお腹の空いている時に、正座して背筋をまっすぐに伸ばします。天地の中に我一人と念じます。次に空気を胸いっぱいに吸い込み、ウンと力を入れてその空気をぜんぶ臍下丹田に送り下げます。練習を積むと丹田の位置がだんだん下がってくるそうです。そこで丹田を意識します。なにかしら熱いものがそのへんにあると感じるようになればしめたものだそうです。西野流では空気を吸う時、足の裏から吸って肛門を通し背骨の裏を吸い上げて、頭頂に至りぐっとがんばってからストンと顔面を通して丹田に落とし込む方法を教えています。

個人差があるので、どの方法でも自分に合ったやり方で丹田を意識すると同時に、それは自分の中心であると念じます。そして自分の中心はすなわち宇宙の中心であると観じます。さらに自分の丹田は宇宙の中心であるから、宇宙のエネルギーと幸運が雲のごとく集まってくると観想します。そして集まったと思ったらすぐに、神に対する感謝の言葉を二度繰り返します。

次にできるだけゆっくり口をすぼめて息を吐きます。この時に、宇宙から丹田に集まったエネルギーと幸運を、まず世の中の生きとし生けるものに、草木に霧水をかけてでもやるような気持ちでばらまきます。

さらに自分の体のとどこおる所、病む所、犯されている所に丹田からエネルギーを送ってやります。途中で息が切れますから、その時は大きく息を吸ってそのまま続けてください。

これは、雑誌や本で有名だった塩谷信助先生の「正心調息の法」のやり方と非常に似ています。これによって助かったという話はよく聞きます。詳しくは、塩谷医師の書かれた本がたくさん出版されていますので、それをお求めになるとわかりやすく説明されています。

6　白隠（その二）輭蘇《なんそ》の法

この輭蘇の法も有名な、すばらしいイメージ健康法です。輭蘇とは軟蘇の意味で、牛乳を煮つめてどろどろの固形とし、卵大に丸めたものです。

まず、同じく正座して心を静め、天上天下一人ここに座す、と観じます。心を正しくし、勧進破邪の正気を体に満たします。これは、ただそう思うだけで結構です。呼吸はなるべく大きく、吸う時はパッと、吐く時はできるだけゆっくりします。

それからやおら卵大の輭蘇を頭頂に乗せ、それが徐々に融けて体の内にも外にも、だらだらと染みとおり、徐々に下に下にと降下するさまをイメージします。

輭蘇は融けてまず頭の皮膚をうるおし、脳ミソに染みとおり、両眼両耳を経て鼻、口、のど、を通り肩を伝わり、両腕にふりかかり、胸をしめらし、腹部内臓をぬらし、腰を通り両脚、ひざ小僧を通ってついに足の裏に達して、最後に大地に消えていきます。

こうして、各種の難病は輭蘇とともに流れ落ちてゆくのです。

白隠は『夜船閑話《やせんかんな》』の中でこの状態を「かくて五臓六腑の気のとどこおり、疝気脚気其他局所の痛み、心は心気の降るに従って、ことごとく下降し、あたかも水が岩間を下る如くその音を聞く」と書いていますが、実際にこれを行なって少し慣れてくると脳髄、骨格がミシミシと音を立てているのを容易に知ることができるそうです。とくに鼻を通った時は、少々の鼻づまりでもすっと通ることなど、ほんの初心者でも感じることができます。

　この輭蘇の法は、ただ健康法であるだけでなく、イメージ訓練と精神統一の訓練法としても卓越しています。五十歳を過ぎた日本のウォーター・スピード・スキーヤーが、今までどうしても日本一になれなかったのが、この輭蘇の法を知り、スキーを飛ばしながらタイミングを頭から流れる輭蘇に合わせて精神統一した結果、チャンピオンになれたとそのすばらしい体験を講演していますので、この話を聞かれた読者もあるかもしれません。

　忙しくて、そんな古風な方法を毎日やるひまのない方々には、あるグループが行なっている白隠内観法の初歩向きの簡単なやり方をお伝えします。

　一日一回でも、週に一回でも結構です。朝でも帰宅してからでも、風呂に入る前にシャワーを頭からかぶります。脳天に百会《びゃくえ》という、赤ちゃんの時にはピクピク動くいちばんやわらかいところがありますが、そこへシャワーの水を浴びせ、あたかも百崖の天から落ちる滝に打たれている気分になります。シャワーの温度は、慣れるほどに冷たくします。そして「神高き峰より落つる水しぶき、百会に受けて我乞い奉る」と唱え、次に自分の願望を乞い加えます。自分の満たされぬこと、病いのことなどを、わずか数分祈ることによって、新しい力がつき加わります。なぜ神に祈るのか。神は宇宙です。宇宙はブッダです。宇宙と合一する。それが悟りです。

座禅では心のみを宇宙と合一させようとしましたが、それを白隠は考えぬいた末、逆に大病を得ました。白隠は『夜船閑話』で、「座禅など休み休みにして、内観の法を行ないなさい。そして体を宇宙と合一させれば自然に座禅ができて悟れるのだ」と言っています。ではもう一度振り返りましょう。これらの「内観の法」は、最初からブッダの教えの中にあるのです。そのブッダの教えのほんの一部を取り出して学んだだけで、白隠の大病はウソのように治り、しかも苦労し苦労し、死にかかってさえも得られなかった悟りにも近づけました。

現代人で内観の法を学んでいる方の中でも、最後はサヤジ＝ウバキンの瞑想法、ゴインカジィーサヤマに代表されるメディテーションを学ぶ人々が増えています。その中心は正しい心、正しい行ない、正しい言葉……そして正しいメディテーションです。

7　ウイルスちゃんのこと

病いについての考え方を、もう一つ紹介します。

西欧では病いは身体の中に侵入した外敵ですから、西欧医学ではこれを徹底的に攻撃し排除しようとします。しかし東洋では病いもわが身とする考え方があります。

次の話はある立派な会社の社長さんが雑誌に載せた経験談です。その社長さんは若いころから懸命に努力し、その甲斐あって会社はどんどん大きくなってゆきました。ところが東奔西走しているうちに、東南アジアかどこかで悪性の肝臓ウイルスに犯されて重い病気になりました。いわゆるB型とかC型の肝炎という、やっかいな病気です。

たちまち体重は落ち、気力がなくなり、入退院を繰り返すはめになってしまいました。入院して、きつい薬を飲むと一時は良くなるが、退院して仕事に取りかかると、また悪化するという生活が十年にも及びました。

最後の入院になることを予感しつつ、いよいよ自分の事業家としての命運も終わりか、会社も閉ざさなければならないと悶々とした日を送っていたある日の朝、病院のベッドの中でふと目覚めると、窓でパタパタと小雀のはばたく音が聞こえました。時節はちょうど春で、小雀が巣立ちする時期でした。社長はハッとある歌を思い出します。

〝春まだき巣立ち初めの小雀が、とんとあたりし朝の小窓に〟

そうか、小雀はまた生まれたばかりなのに、なんとか生きようと必死に努力している。自分の肝臓に巣くうウイルスはもう十年も必死で生きようとしている。それを自分はなんとか叩いてやろうと強い薬を頭から浴びせてきた。ウイルスは、どっこい、そうはさせじと肝臓の中で息もたえだえに苦しみもだえ、がんばっている。可哀相なウイルス君よ、十年もいっしょにおれば、もう友人、身内も同然。これからはもう私はお前をいじめまい……とそう思ったとたん、社長の体は軽くなったような気がしました。こころなしか、今まで痛んでいたお腹が少し楽になったような気もしました。

枕もとにあった幾種類もの薬をそっとポケットに隠して、回診の医師に退院を申し出たのです。そんなことをしたら死んでしまうと言う医者の警告をふり切って家に帰った社長は、どんどん栄養のある食事をとり、会社にも出てバリバリ働くようになりました。

不思議なことに、それ以来お腹の痛みはずいぶん和らぎ、体力もついてきて、いつの間にか元の生活に戻っていました。

いったい、ウイルスはどうなったのでしょうか。検査をすれば、やはりウイルスは生きながらえているに違いありません。しかし今まで強い薬でいじめられ、息たえだえで、なんとか生き延びようと暴れまくっていたウイルスは、今では栄養も足り、丸々と太って気持ちよく昼寝を楽しんでいるのです。社長は時々お腹をたたきながら、「僕のウイルスちゃんたち、元気にしているかい」と声をかけてやります。「もはや身内も同然」と思い至って以来、ウイルスを「僕のウイルスちゃん」と呼んでいるんだそうです。

これを「アバイド（abide）」と呼びます。「ともに住む」という意味です。

今から二百五十年も前に、白隠禅師は病いに対する心がまえをして、このアバイドを強調しました。最近になって、やっと治療に対してこのような考え方を主張する人が増えてきまして、本も書かれています。

はなはだ東洋的な考え方ながら、一つの重要な真実をついています。皆さんもこの話を頭の片隅にでもおいておかれれば、いつかハタと、ひざを打つ日があるかもしれません。

あとがき

本書ではまず、ブッダの生い立ちから修行とそれに続く菩提樹の下での悟り、それから最初の説法とそれに布教の旅について書きました。ブッダの一生を知ること自体が、ブッダの教えを知る最短の道であるからです。

いったい、ブッダは何を教えたか。その中心は四つの聖なる真理と八つの聖なる道です。ここでブッダは確実に悟りに至る方法を説いているのです。

ところが、これらの教えはブッダの死後五〇〇年を経て中国に伝わった時には、いろいろに意訳、翻案され、中華思想のフィルターにかけられます。インドと中国で成立した大乗経典により各宗派に分かれて、日本に渡来した時には難解な教義、経典になっていました。

日本の優秀で真摯な宗教家たちは、こうしてもたらされた経典の中からなんとかブッダの教えを悟ろうと苦労しますが、巨大な象を前にして、ある者は尻尾をつかみ、ある者は足の指に触れ、またある者は鼻にさわって、めいめい勝手に全体を想像しようとするような、空しい努力を重ねていました。

イエス・キリストの場合は、その死後、彼を神の子と信じる弟子たちが、迫害を受けながらもその教えを伝道し、民衆の信仰心に支えられて、世界に広がっていき、四世紀の初めついにローマ帝国の国教となります。一方、日本における仏教はまず国家による国家宗教として取り上げられ、国のうしろ盾で中国に派遣された僧侶が、当時の中国各派の経典を持ち帰り、それぞれの流派の寺院を興したものです。いわば、官製宗教です。国家の認可がなければ僧侶になる資格はありませんでした。したがって、その認可権をめぐる権力闘争が教団トップ・グループの一大関心事でした。

そういった状況にあっても、まじめにブッダの教えを求めようとする僧や仏徒も多く、歴史にその名を残しています。これらの名僧は苦労の末、独自の境地を開いたすばらしい方々ですが、悲しいかな、大乗経典を通して見ても、ブッダの姿は靄《もや》にかすみ、ゆがんで映っていました。

本文で、親鸞は地獄に落ちたと述べましたところ、これはひどすぎるという意見が出ました。しかし本書をよく読んでいただくと、これは決して親鸞聖人を非難したり、こけにしたりしているのではないことがおわかりになるはずです。親鸞はブッダの教えを知るべく最大限の努力をし、苦しみました。しかし、ついにブッダの教えから残念ながらかけ離れ、ブッダの一面である慈悲の心に救いを求めたのです。師の法然上人のナムアミダブツの教えに命をかけ、自ら破戒の罪を犯しつつ、なお救われるという信念をもって、民衆を済度しようと決意したのです。「悪人なおもて往生をとぐ」そのものです。これは大乗の究極であり、中国を経由した大乗仏教を日本において見事に開花させたものです。

日蓮と親鸞はともに官製仏教ではなかったので、既存の宗派によって迫害を受けます。日蓮は島流し、親鸞も死刑の宣告まで受けましたが、民衆の信仰に支えられて広まり、今でも深く庶民の心をとらえているのではないでしょうか。事実、今日でも多くの寺院が宗徒を集めて勉強会を開き、一般人の宗教心を高めようと努力しております。

たとえば、大阪三国《みくに》の常光寺という破れ寺院の佐々木という当住（住職）はこう言いました。

「今、真宗の教えが力を失いつつあるという嘆きの声をよく聞く。擬似宗教が花盛りの今日。なぜ本来の教えが力を失うと思われているのか。我々の宗教は、変化する時代の要請に応えてきたか。今、我々は教学そのものを洗い直すことによって、新しい時代の新しい伝道の旅に出立しなければならない。その中心は温故知新である」

そこで第一歩として、宗徒を集めて仏教とは何かという勉強会を開きました。碩学蒔谷秀道が主宰していた、あじさいの花咲くころに必ずおこなわれていた紫陽聞信会を引きついで、龍谷大学の信楽学長、桐渓勧学寮頭、専修学院の長川院長、大谷大学の寺川学長、同朋大学池田学長など、現代の高僧といわれるお歴々を招いて研究会を開いたところ、初めはまばらだった人影が、今では仏の道を求めて門前市をなす盛況といいます。

本書では、大乗は亡びるというのが大テーマでした。しかし、日本人がなれ親しんだ仏教は亡びてはなりません。民衆が宗教心を失う時は乱世であり、国自体が亡びます。今こそ日本の仏教に関する人たちが、まことの危機を感じ、身を捨てて教えのために尽くさなければ、どうして迷う民衆の心を救うことができましょうか。

今、日本の仏教がすたれかけている大きな理由は、日本の僧侶がブッダの五戒を破っていることです。酒を飲むのはまあまあ別としても、ほとんどの坊さんは禅宗の一部をのぞいて結婚をし、子供を作りその子供にお寺を継がしています。戦前ではお寺を世襲相続するということはほとんどないのです。お寺の坊さんがいなくなるとその宗派のお寺で修行を積んだ優秀なお坊さんが任命されて住職として赴任してくるのです。その多くは学問があり世間の苦楽に通じ信徒の相談に応じていてくれたのです。今では家の相続の問題、親子の関係の問題でさえお寺の坊さんに相談するというような事はほとんどなくなってしまいました。唯一、お葬式の時お経をとなえてくれるくらいしかなくなり、すなわち葬式仏教になってしまったのです。これでは日本の仏教はすたれて行くほかはありません。しかし日本人は結構宗教心の強い国民です。このまま日本の仏教がなくなってしまえば日本人の美点は失われ、国は混乱し、悲しい時代を経験することとなるでしょう。

大乗は日本の発展に貢献し、日本人の心に美しい力を与えました。日本人は殺すな、盗むなの五戒の掟をよく守り、世界でも一番犯罪の少ない国といわれています。今こそ日本の僧侶はがんばってブッダの教えに従い大乗の最後の砦を死守して下さい。

本書は平成七年刊行の『大乗と小乗の世界』（筆名・那智たかし著、ゆめいろ出版）を再編集したものです。

【著者プロフィール】

永井　一夫（ながい・かずお）

1930年大阪生まれ。1953年京都大学経済学部卒業。1957年コロンビア大学ビジネススクール卒業。マスター・オブサイエンス（MS）修士号取得。現在、永井織布株式会社代表取締役社長、（財）永井熊七記念財団理事長、（財）岸和田市奨学会理事長（財）関西棋院副理事長

大乗と小乗の世界
――ブッダは何を教えたか　四つの真理と八正道――

平成28年（2016年）３月７日　初版第１刷発行

著　者――永井一夫
発行者――稲川博久
発行所――東方出版㈱
〒543-0062　大阪市天王寺区逢阪2-3-2
Tel. 06-6779-9571　Fax. 06-6779-9573
印刷所――亜細亜印刷㈱
装　丁――森本良成

ISBN978-4-86249-259-3